つべこべ言わずに
かわいくなりますか♡

ひよん

JN247840

宝島社

HELLO!
FEEYONG

" こんにちは。ひょんです "

この本を手に取ってくれてありがとうございます。
メイク、ヘアアレンジ、お洋服、ライフスタイルまで、
ひょんのすべてを詰め込んだ1冊になっています。
つべこべ言わずにかわいくなるポイントがいーっぱいなので、
最後まで読んでもらえるととっても嬉しいです。
この本をきっかけに、たくさんの人がかわいくなれますように♡
ひょん本 # つべこべ言わずにかわいくなりますか。

WHAT'S
SDWM?

今回撮り下ろした、シューティングページのテーマは、
「SDWM~Spend a day with me ♡ ~ ひよんの一日」。
朝から夜まで、ひよんと一緒に一日を過ごしましょ。
Night 編では、初めて超～大人っぽいスタイルに挑戦しました（笑）。
綺麗で色っぽい大人な女性になりたいものですね♡
それでは、ひよん本『つべこべ言わずに かわいくなりますか。
ひよん流 バレずに盛れるあれこれ。』、はじまりはじまり！

Feeyong
MAKE UP BOOK

Contents

Special shooting

SDWM
Spend a day with me ♡ 〜ひよんの一日〜

008	**Morning** — 盛って、サギって、かわいくなって♡
070	**Noon** —— 努力はかわいいを裏切らない♡
146	**Night** —— " かわいい " をつくる下準備♡

Chapter 1

 # 今の私が一番可愛く見えるメイク
" 愛されひよんメイク "

022	Do my makeup
024	3 makeup Point
026	Feeyong's BASIC Makeup
033	Makeup TOOLS

Chapter 2

 # 優秀韓国コスメ集めました♡
" オール韓国コスメでモテメイク "

038	超使える 優秀韓国コスメ♡
040	Lip Lip Lip
042	Pure Natural
044	Sweet coral
046	GLOSSINESS
048	Feel more Relax

Chapter 3

 # デパコス級に使える
" プチプラコスメでひよんメイク "

055	プチプラコスメで愛されひよんメイク
060	オトナめブラウン
063	校則にも負けない！『ナチュ見えメイク』

Chapter 4

 # みんな質問ありがとう♡
"Q and A"

080	Questions to Feeyong

Chapter 5

 # 垢抜け目指すならまずはここから
" ひよんが垢抜けた理由 "

094	ひよんが 9kg 痩せたワケ
096	MORNING ROUTINE
097	NIGHT ROUTINE
098	STRENGTH TRAINING
099	MASSAGE
100	HEALTHY MEAL
102	SPECIAL CARE
103	SPECIAL INTERVIEW

Chapter 6

**# ササッとできるクイックヘアアレンジ
" ヘアアレンジテクニック "**

110　基本のヨシン巻き
112　簡単ゴールドピンアレンジ
114　あえての手抜きハーフアップ
116　韓国ヨジャ風お団子ヘア
118　真のおしゃポニー
120　ゆるふわボリューム巻き
122　花かんむりハーフアップ
124　くるりんたまねぎツインテール
126　気分をアゲてくれる
　　　お気に入りのヘアアクセ

Chapter 7

**# コンプレックスを克服！
" 着こなしルール "**

132　MY RULE
　　　" 私らしくいるための着こなしルール "
134　FIND MY STYLE
136　Seasonal Clothing

Column

034　**I love：COSMETICS**
　　　コスメ選びの絶対条件

050　**My favorite：KOREAN COSMETICS**
　　　ひよんオススメ韓国コスメ♡

068　**How to：SELFIE TECHNIQUES**
　　　可愛さ倍増♡ セルカテクニック

090　**My favorite：THINGS**
　　　ひよんの好きなもの - 雑貨編 -

106　**My favorite：THINGS**
　　　ひよんの好きなもの - 香り編 -

128　**to be more CUTE...**
　　　" 可愛い " をつくる 10 のこと

144　**How to：Instagram TECHNIQUES**
　　　インスタをお洒落にするコツ

※本書掲載の化粧品および雑貨はすべて著者の私物です。
すでに販売が終了しているものもあります。
あらかじめご了承ください。

SDWM

Morning

いい天気〜。天気がいいと、
お出かけしたくなりますよね♡
よし、準備をはじめますか。

今日は、どんな服、
どんなメイクで
お出かけしようかな〜。

誰とどこに行くかを考えながら、
今日のひよんを決めちゃいます♡

Let's
COOKING!

Shooting / Morning

Feeyong
MAKE BOOK

Chapter

1

今の私が一番可愛く見えるメイク

" 愛されひよんメイク "

年代によって自分に合うメイクが違うから
カラーや好きなコスメはその都度変わるけど、
今の自分に合ったメイクを楽しみたい。
そんなひよんが見つけた
自分を一番可愛くしてくれるメイクと
愛用コスメをご紹介します♡。

P.022

Do my makeup

P.024

3 makeup Points

P.026

Feeyong's BASIC Makeup

P.033

Makeup TOOLS

最新版♡ 愛され ひよん

自分を最高に可愛く見せるメイクを研究して、今は
やりすぎ感のないモテメイクを、ひよんこだ

BEFORE

すっぴんの
ひよんを
どうぞ♡笑

Before

肌ケアには気を使っているというひよんちゃんのすっぴん。すっぴ
んでも透明感があり、ちょっとあどけなさが残る感じもキュート。

顔になる方法

これがベスト！という最新ひよんメイクをレクチャー。
わりの詐欺ポイントと合わせてご紹介します。

AFTER

いつもの
ひよんの
完成♡

After

最新ひよんメイクは目元、チークを同じ色味にして統一感を出し、
リップはその日の気分で変えながら楽しんでいるそう。

Do my makeup

ひよんの溺愛コスメ

数あるお気に入りコスメから、これだけは外せない！という、ひよんメイクに欠かせない優秀コスメをベースからリップまで全てご紹介します。

ITEM.1

BASE

自然に肌が
ワントーン
アップ

Ⓐ プットオンアハッピーフェイス ティンティド モイスチュアライザー（01）／ Awake

Ⓑ アーティスト レイヤー コンシーリング ベース（Light）／ JUNG SAEM MOOL

Ⓒ シェーディングスティック（02 ベージュブラウン）／ CEZANNE

Ⓓ チェリーブロッサム トーンアップクリーム／ innisfree

Ⓔ マイクロコレクトフィットクッション／ moonshot

Ⓕ プリズムエアー ハイライター（1号 ゴールド シアー）／ CLIO

Ⓖ インビジブル ブロンズ ミディアム／ bare Minerals（生産終了品・エンドレスサマー ブロンザーとして発売予定）

Ⓗ デューイ モイスト ルースパウダー EX01 ／ トーン（限定商品・生産終了品）

ITEM.2
EYE

> The万能
> アイシャドウ!
> 捨て色なし

- (I) 3Dアイブロウカラー（BR-1）／ KATE
- (J) リファイニング ラッシュフィットマスカラ（ブラック）／ JUNG SAEM MOOL
- (K) ヒロインメイク カールキープ マスカラベース／ KISSME
- (L) マルチアイカラーパレット（#OVERTAKE）／ 3CE
- (M) ディーアップ シルキーリキッドアイライナー WP BRBK ／ D-UP
- (N) スキニー ブロウペンシル（4号 アッシュブラウン）／ innisfree

ITEM.3
LIP & CHEEK

- (O) リップ美容液（BR-323）／ LusciousLips
- (P) ジェラシーアーカイブプランバー（JEALOUSYRED）／ siero
- (Q) ジャストチーク（TORTE）／ LAKA

> 自然な血色で
> ポーチの
> いつメン

うるツヤ肌

塗ってる感を出さずに、気になる部分はしっかりカバー。
そんなピュア感のある肌づくりは、メイクをするうえで一番重要。

SAGI
Point
1

BEFORE

『目指すのは素肌っぽさを感じさせるツヤ
肌。くすみや赤みをカバーするのも大事
だけど、塗りすぎてしまっては意味がな
い。伸びのいいテクスチャー、少量でもカ
バー力のあるコスメを選ぶのが大切です。』

愛されメイク
をつくる

3 makeup Points

BEFORE

『これを描かなきゃひよんのメイクは完成
しない！というほど重要な涙袋。あるの
とないのとでは顔の印象が全然変わるん
です！ひよんはナチュラルに見えるよう
に黒目の下から目尻まで入れてるよ。』

SAGI
Point
2

ぷっくり涙袋

目の下のぷっくりした感じが愛らしさを倍増させてくれる涙袋。
デカ目効果もあるので、ぜひ取り入れてみて。

セパレートまつ毛

ひよんちゃんといえば、綺麗に広がったまつ毛。ボリュームを出すよりも「長く・綺麗に」がひよんちゃんのモットー。

BEFORE

SAGI
Point

3

『まつ毛は顔の印象を大きく変えるパーツだと思うので、ボリュームよりも長さを重視しています。マスカラたっぷりというよりは、カールに合わせて一本一本丁寧に長さを出してあげるのがひよん流です。』

3 大詐欺ポイント

自分を可愛く見せるための詐欺ポイントって、メイクをするうえで結構重要なこと。
ひよんちゃんが重視している3つのポイントを紹介します。

[もう手放せない！ **ひよんのニコイチコスメ**]

うるツヤ肌

伸びのいいテクスチャー、そして自然なカバー力のあるAwakeのプットオンアハッピーフェイス ティンティド モイスチュアライザーと、moonshotのマイクロコレクトフィットクッションは、ひよんの肌づくりに欠かせない。この2つは本当におすすめなので一度使ってみてほしい！

ぷっくり涙袋

innisfreeのスキニー ブロウペンシルは涙袋と眉毛を描くときに使っています。ひよんはパウダーよりもペンシル派なのですが、今まで使ったものの中でこれが一番好き。

セパレートまつ毛

KISSMEのヒロインメイク カールキープ マスカラベースでまつ毛の形を固定して、JUNG SAEM MOOLのリファイニング ラッシュ フィット マスカラで仕上げるのがいつものパターン。マスカラはブラシタイプが使いやすくて◎。

USE IT!

Feeyong's BASIC Makeup

ひよんメイク最新版♡

トレンドや気分に合わせて変化していくという日々のメイク。
今はこれがスタンダードという愛され顔になるメイク術をご紹介します♡。

STEP.1
BASE
Makeup

詐欺ポイントでも紹介したうるツヤ肌。顔全体をカバーするのではなく、気になる部分だけコスメの力を借りるのが可愛くなるコツ。

1

頬に下地をおいたら、顔全体にしっかりと伸ばしていく。時間がかかると下地が乾いてしまうので、ササッと塗っていきます。

2

目元と小鼻は指で軽く叩き、肌に馴染ませる。顔の部位別に指で強弱をつけながらトントンと叩いて馴染ませると綺麗に仕上がります。

3

ニキビが
あったら
そこにもプラス

コンシーラーを目元、口元の4箇
所におき、塗っていく。指に残っ
たコンシーラーを小鼻などに薄く
伸ばしていくと厚みができず、自
然な肌感に仕上がります。

4

クッションファンデは、薄い膜を
張るように顔全体へ伸ばしていく。
下地とコンシーラーを均一に馴染
ませるイメージ。厚塗り感が出な
いように薄く伸ばすのがポイント。

5

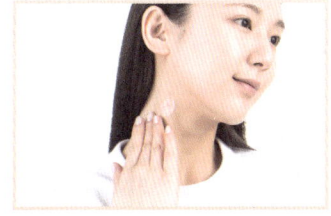

フェイスラインと首の境界線は、
トーンを揃えるためにクリームを。
フェイスラインの下からデコルテ
まで伸ばすと顔と首のトーンが自
然な感じに揃います。

6

パウダーをTゾーンにだけ入れる。
顔に伸ばしていくのではなく、ポ
ンポンと軽いタッチで顔の表面に
のせていくイメージ。

7

ローライトを顎から耳下まで入れ
る。何往復もすると色が濃くなり、
厚塗り感が出てしまうのでサッと
一回だけ引くようにしましょう。

8

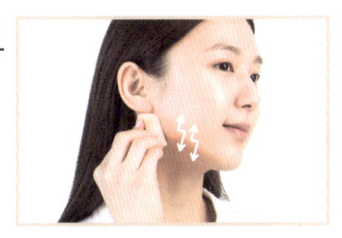

メイクスポンジでフェイスラインと首の境目を
ぼかしていく。メイクスポンジをジグザグに動
かして伸ばすと、ムラなく馴染みます。

Eye / LOW & HIGHLIGHIT

自眉を活かしたナチュラルな眉毛、立体感を与える
ローライト&ハイライトのテクニックを全部見せ♡。

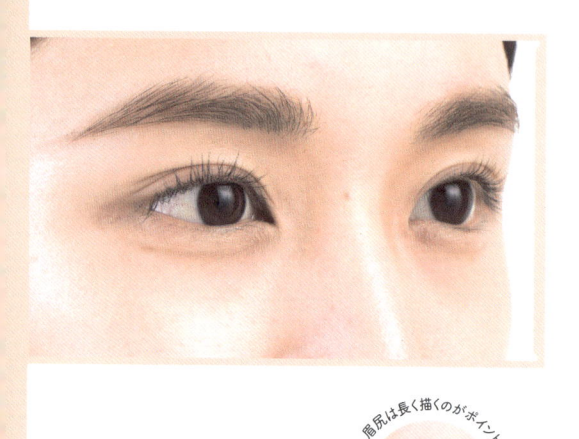

1 眉尻は横方向に流す

眉を描くまえに、スクリューブラシで毛並みを整える。眉頭は上に流すように、眉山から眉尻は横方向に流していく。これだけでナチュラルで整った眉毛がつくれます。

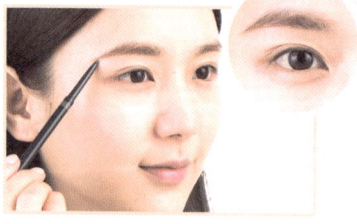

2 眉尻は長く描くのがポイント

眉を描くときは、全体ではなく眉毛の下の部分や足りない部分のみ描き足していく。平行のちょい太眉になるようなイメージで。眉尻は長めに入れることで小顔効果を狙います。

3

眉頭には直接描かず、スクリューでぼかしながら軽く色をつけていくイメージ。眉頭まで描いてしまうと野暮ったい印象になるので注意。

4 描き終わったら指でぼかす

アイブロウペンシルで涙袋を描く。やりすぎ感が出ないように、黒目の下あたりから目尻側に向かって線を入れる。薄くなぞる程度でOK。

5

眉マスカラは、ティッシュで余分な液を拭き取ってから眉にのせていく。色をつけるというよりは、眉毛の形をコーティングしていく。

Feeyong's
BASIC Makeup

STEP.2 Eye / LOW & HIGHLIGHT

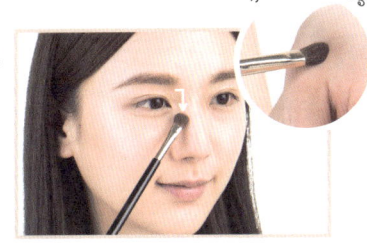

手の甲で馴染ませる

手の甲で色を馴染ませてから、眉頭から鼻筋の中央あたりまで軽くノーズシャドウを入れる。サッと線を引く程度でOK。

鼻の輪郭をなぞるようにローライトを入れる。

立体感を出すために、小鼻のラインにもローライトを入れる。鼻先に向かってシュッと軽めに入れるのがポイント。

Cゾーンにハイライトを入れる。ラメ感が華やかなものを入れるとツヤ感がプラスされ、顔が立体的で引き締まった印象に。

顎のハイライトは、ブラシでポンポンと軽くのせる程度にさりげなく。少し入れるだけでも自然な立体感が出るのでおすすめ。

鼻筋、唇の山に指でハイライトを入れる。塗るときはファンデーションがヨレないように指で優しくピンポイントに入れる。

029

Chapter 1 / Makeup

STEP.2 Eye / LOW & HIGHLIGHIT

ZOOM

12

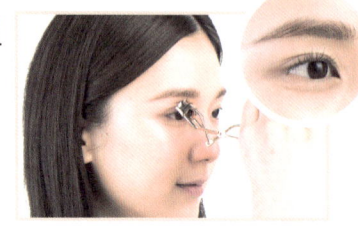

ビューラーで5回ほど細かく挟みながら、なだらかなカールをつけていく。目頭に向かってカーブをつけるように。

13

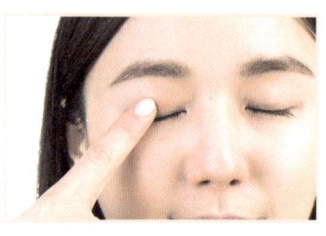

まぶたの中央にアイシャドウをつけて、左右に薄くぼかしていく。扇型に伸ばすと、ムラがなく綺麗に塗れます。

14

下まぶたはブラシで涙袋全体にのせる。黒目の下から入れると目尻にシャドウが溜まりにくくなります。

15

まぶたの中央に大ぶりのラメをトントンと指でおく。まぶたの中央だけにのせることによって、デカ目効果を狙います。

16

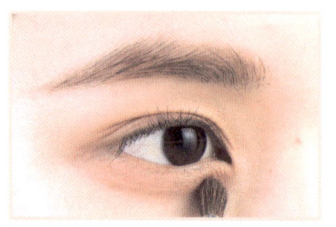

まぶたの中央に置いたシャドウと同じ色を目頭にもおく。女神スポットにラメを入れるとデカ目効果が期待できます。

17

マスカラ下地を塗る。下地でまつ毛の形を固定するイメージなので、塗りすぎ注意。

STEP.2 Eye / LOW & HIGHLIGHIT

18

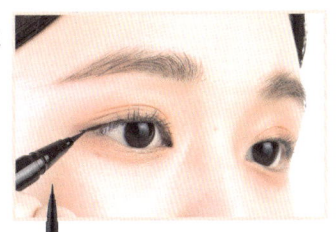

マスカラ下地を乾かしている間に、アイラインを目尻にだけ入れる。目のラインに沿って自然な感じで入れるのが◎。

19

ラインを引くときは、顎に手をあてると安定します。線がガタガタしてしまうからリキッドは苦手……という人は是非試してほしい！

20

マスカラを塗る。一本一本に薄くつけて、まつ毛が長くなるように。

21

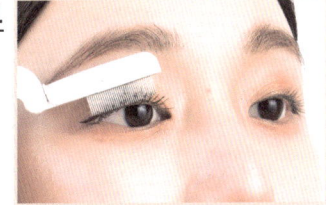

マスカラコームを使って、余分な液を除去する。ひよんこだわりの綺麗なセパレートまつ毛になるために、この工程は欠かせません。

Makeup POINT

メイクをするときは、その部位に合わせて鏡の位置を変えると綺麗に仕上がります。例えば眉を描くときは顔全体が鏡で見える位置で描く、アイメイクは手鏡を使って近くで見るなど。たったそれだけで、仕上がりが全然違うんです！

Lip *and* CHEEK

チークやリップはその日の気分で決めるけど、最近よく使うのは、
大人可愛いコーラル系のチークとリップ。

 1

チークはこめかみに向かって、薄くふんわり入れていく。顔の余白をなるべく埋めるように、少し広めに入れて小顔効果を狙います。

2

リップは唇全体にしっかりと塗る。このリップは色つきのリップクリームなので保湿効果も抜群です。

3

グロスは下唇の中央だけに塗り、唇の上下を何度か合わせて色を馴染ませます。

使い続けてやっと見つけた

Makeup TOOLS

自分にとって使いやすいものはコスメもメイク道具も同じ。
ひよんがメイクをするうえで欠かせないコスメ道具を大公開！

ITEM.1
BRUSH

A.水洗い不要でメイクブラシのお手入れができる、コージー本舗のドライクリーナー。簡単に汚れが取れるからおすすめ！**B.**CLIOのメイクブラシは、ハイライト用のブラシ。丁度いい具合にハイライトを塗れて◎。**C.**韓国ブランド「7FACE」で購入したブラシ。見た目も使い勝手も最高。韓国では有名人が買いに来るほど人気のメイクブラシ専門店！**D.**細めのブラシはロージーローザのもの。アイシャドウの付属チップを使うのもいいけど、ひよんは断然メイクブラシを使う派です。**E.**こちらも「7FACE」のもの。毛先が広がっているのでチークやパウダーをのせるときにおすすめ。毛がとっても柔らかい。

毛が柔らかくて気持ちいい♡

ITEM.2
MAKE SPONGE

メイクスポンジはいろんな形があると思いますが、ひよんはこのカクカクとして、スポンジの面が広いタイプをよく使っています。

ITEM.3
EYELASH CURLER

ビューラーはいろんなタイプを使ってみたけど、オンマが生協で買ってくれたこのビューラーがいまは一番のお気に入り♡。

ITEM.4
COTTON SWAB

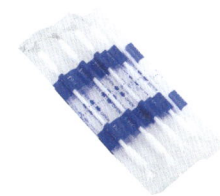

綿棒の先にクレンジングオイルが含まれているので、細かい修整に便利！小分けパックなのもGood！

ITEM.5
MASCARA COMB

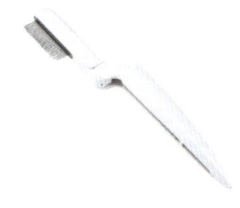

ずっと使っているマスカラコーム。これがあるとひよんみたいなセパレートまつ毛になれちゃうよ♡。

もう手放せない！
お気に入り
コスメ♡

コスメ選びの絶対条件

I love : COSMETICS

肌質に合ったり発色が良かったり、自分だけにしか分からない
コスメのお気に入りポイントってあるよね。ひよんが愛してやまない優秀コスメや、
コスメを選ぶときに重視しているポイントを紹介します♡。

NO.1
BASE

カバー力とさらっと感がキメ手

下地は伸びが良くて、くすみを飛ばしてくれるパール感のあるものがお気に入り。スキンケアの延長線で使えるような、なめらかなテクスチャーのものを選ぶと肌馴染みがよく、自然なうるツヤ肌がつくれますよ。

1.ラトゥー エクラ ファンデーション プライマー N 01／PAUL & JOE BEAUTE 2.スキン セッティング グローイング ベース／JUNG SAEM MOOL 3.CCジェルクイックグロー／RMK 4.スキンスムーザー BY／m.m.m 5.ミネラルリキッドファンデーション（103ページ）／MiMC 6.カプチュール ドリームスキン モイスト クッション（010）／Dior 7.エバーグロウクッション（ナチュラルベージュ）／FEMMUE

NO.3
EYE BROW

ナチュラルな色合いが好き

眉毛は髪色に合わせてカラーリングしているので、そのカラーに合わせた少し明るめの色を選ぶようにしています。眉マスカラは眉に色をつけるというよりは、形をキープするために使っているよ♡。

12.ヘビーローテーション カラーリングアイブロウ（08 アッシュグレー）／KISS ME 13.ニュアンスアイブローマスカラ（BR774）／INTEGRATE 14.スキニーブロウペンシル（4号 アッシュブラウン）／innisfree 15.超細芯アイブロウ（02 オリーブブラウン）／CE ZANNE

NO.2
MASCARA

ボリュームよりも
長さ重視！

パッと広がったまつ毛が好きなので、ボリュームよりもロングタイプが好み。色は目力アップが期待できるブラック系が多いです。まつ毛一本一本に塗りやすいように、ブラシは細めのものを選ぶようにしています。

8.イセタンミラーポーテマスカラ／ISETAN MIRROR（生産終了品）9.プロタッチシグネチャー ミューズマスカラ（01）／NATUREREPUBLIC 10.サバイバルカラーカラ（#05 ブラックブラウン）／lilybyred 11.デュアルワイドマスカラ（ブラック）／エチュードハウス

NO.4
EYE LINER

アイライナーは断然リキッド派

ペンシルアイライナーも好きだけど、今のメイクでよく使うのはリキッドタイプのアイライナー。目尻に少し入れるだけでも目元の印象が変わるし、目の形に合わせたラインが引きやすくてお気に入り。

LIQUID!

16　17

16. アイライナー スーパーシャープライナー EX（BK-1）／ KATE
17. シルキーリキッドアイライナー WP BRBK ／ D-UP

NO.5
CHEEK

その日の気分で選べるカラー

チークはコーラル系のカラーにハマっています。韓国ブランドのものを使うことが多いのですが、色味が可愛く自然な仕上がりになるのでおすすめです。特に3CEのチークはパッケージも可愛くて大好き♡。

18. テイクアレイヤー マルチポット（#PRIMULA）／ 3CE 19. テイクアレイヤー マルチポット（#DIOTIMA）／ 3CE 20. ミネラルスムースチーク（02 ジャーニー）／ MiMC 21. テイクアレイヤー マルチポット（#CABBAGE ROSE）／ 3CE 22. エッセンシャル チーク ブラッシュ（#Fluffy Peach）／ JUNG SAEM MOOL

18　19　20　21　22

NO.6
LIP

ちゅるんリップにハマり中〜！

リップは塗るだけでちゅるんとした唇にしてくれるものがお気に入り。グロスは透明なものを選ぶとお気に入りのリップに重ねられるのでおすすめです。リップケア用のワセリンやリップクリームも必需品。

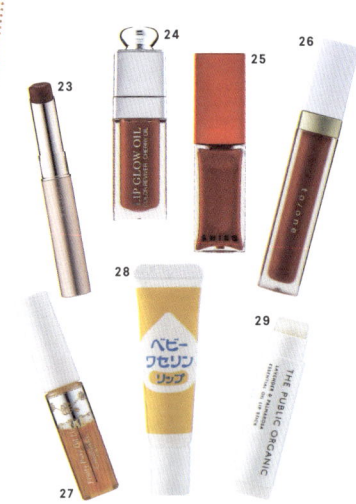

23　24　25　26　27　28　29

23. シアーリップカラー RN（09 モーヴレッド）／ OPERA 24. アディクト リップ グロウ オイル（012 ローズウッド）／ Dior 25. ホリデーエッセンスリップ（9K02 ホーリーレッド）／ SHIRO（生産終了品・販売中の製品で近い色味はジンジャーリップバター（9I03 ボルドー））26. ペタル エッセンス カラー バター（05）／ トーン 27. フルーティーピュアオイルリップ（02 マンゴーパイン）／ CANMAKE（生産終了品）28. ベビーワセリンリップ／健栄製薬 29. スーパーリラックスR リップスティック LAV ／ THE PUBLIC ORGANIC

NO.7
COLOR LENDS

ナチュラルに盛れちゃう♡

カラコンはつけるだけで雰囲気が変わるので、メイクに合わせてカラーを変えたりしています。その中でもグレー系は自分に一番合っているかなって。着色直径が小さいものだと自然に見えるのでおすすめ。

30. ライリーパステル（グレー）／ LENSTOWN 31. ライリーパステル（ピンク）／ LENSTOWN 32. 1day アクア Blossom（14.1mm）／ CRUUM

30　31　32

Chapter

2

#優秀韓国コスメ集めました♡

"オール韓国コスメで
モテメイク"

見た目が可愛くて発色がよくて、
日本にはないカラーが見つかる韓国コスメ。
自分のルーツでもある韓国のコスメが
みんなにも気に入ってもらえるのはとっても嬉しい！
韓国で見つけたひよんのお気に入りコスメを使った、
シチュエーション別メイクスタート。

P.038

超使える 優秀韓国コスメ ♡

P.010

Lip Lip Lip

P.012

Pure Natural

P.014

Sweet coral

P.016

GLOSSINESS

P.018

Feel more Relax

超使える♡

Feeyong select :
優秀韓国コスメ

高発色＆抜群のカバー力を発揮してくれる韓国コスメ。その中でも
ひょんのお気に入りのアイテムをパーツごとにピックアップ！

LIP

Use in ▼ P.040

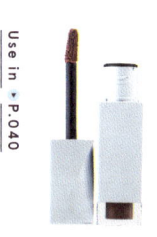

**ムードインハンサー
リキッドグロウ（LG006）
／ hince**

マットな質感とツヤ感を持ち合わせたウォータークリームテクスチャー。ベタつきがなく、唇にのせたときに内側から発色するようなじゅわっとしたみずみずしい質感がお気に入り。

OTHER ITEM :

Use in ▼ P.044

**カラーライブティント
（#14 ノルディックコーラル）
／ ARITAUM**

ベタつきのない軽いテクスチャーで、ほのかにツヤ感のあるリップ。唇にひと塗りするだけで顔色がパッと明るくなるし、ピンク系のパッケージも可愛くて大満足。

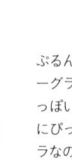

**グロウポップティント
（01 ハートレッド）
colorgram : TOK**

ぷるんとした唇にしてくれるカラーグラムのリップ。少しオレンジっぽいレッドで、愛らしいメイクにぴったりのカラーです。プチプラなのでぜひ試してみて♡。

**ウォーターライジングティント
（#03 SPICY CAMEL RED）
／ milimage**

大人っぽいツヤ感を出してくれるリキッドリップ。色は肌馴染みのいいピンクベージュをセレクト。色だけでなくリップスティック型のパッケージもすごく可愛い♡。

BASE

Use in ▼ P.042

**パーフェクト アクア
クッション
／ SERENDI BEAUTY**

水分量が多く重ねてもヨレにくいので自然な滑らか肌にしてくれるクッションファンデ。ダイヤモンドパウダー含有なので、肌がキラキラ輝いているように見えるのもGood！

OTHER ITEM :

Use in ▼ P.042

**シカペアー リカバークリーム
／ Dr.Jart+**

肌に負担をかけたくないときに使うのが、ドクタージャルトのリカバークリーム。スキンケアブランドから出ているというだけあって、肌にも安心。

**プロポリスアンプルインクッション
（#21 ライトベージュ）
／ CNP Laboratory**

薄く塗るだけで抜群のカバー力。このプロポリスアンプルインクッションを塗ると、The 韓国肌って感じになれます。

**マイクロコレクトフィット
クッション／ moonshot**

これは動画でも何度か紹介しているのですが、本当に使い勝手がいい！ サラサラに仕上がるのに、程よいツヤ感も出るのが最高♡。もうこのクッションファンデは手放せません！

EYE SHADOW

Use in ▶ P.044

ジャストアイシャドウ
（#12 TURNER）
／ LAKA

韓国ブランドのシャドウは、程よく煌めくパールが魅力。LAKAのシャドウはラメが絶妙なんです！目元を強調したいときに大活躍してくれます。

OTHER ITEM :

LOVE 3CE デュオ シャドウ
（#STAY WILD）／ 3CE

細かいラメが光に当たるとキラキラ輝いて、儚げな目元にしてくれるデュオ シャドウ。ブラウン×ゴールドの2色入りです。
※販売終了品

シングルスタイラー（#33 BRICK HIP）／ WAKEMAKE

オレンジ系のカラーなのですが、まぶたにのせたときに色味が強く出すぎず使いやすいんです。目元を印象的にしたいときの、アクセントに使うと◎。

プリズムエアシャドウスパークリング（016 コーラル）／ CLIO

プチプラとは思えないほどの美しいラメ感♡。単色使いでもポイント使いでも可愛く仕上がるし、プリズムというだけあって瞬きするたびに目元がキラキラ。

CHEEK

Use in ▶ P.048

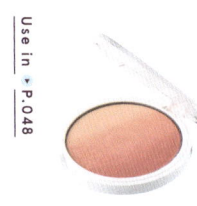

チアグラデーションチーク
（RD01 Yellow Rose）
／ B. by BANILA

夕焼けみたいなグラデーションが可愛いチーク。手前の濃い部分はピンク、中央はコーラル、奥はオレンジになっているので単色使いができるのも嬉しい。

OTHER ITEM :

プロマルチフェイス（#02 Berry Delight）／ CLIO

こちらもグラデーションチーク。メイクブラシでくるくると混ぜて使うと、絶妙に可愛いピンクになって肌にのせたときに、ふんわり色づく感じが可愛い。

Use in ▶ P.044

テイクアレイヤー マルチポット
（#DIOTIMA）／ 3CE

リップとしても使えるクリームチーク。肌にのせるとエアリーな雰囲気に仕上がるのと、少量でも綺麗に発色してくれるところがお気に入り。

エッセンシャルチークブラッシュ（#Fluffy Peach）／ JUNG SAEM MOOL

韓国でも大流行しているコーラル系のチーク。パウダータイプで、肌にのせるとふわっと発色してくれるんです。色も濃すぎず、柔らかい色が出せます。

HIGHLIGHT

Use in ▶ P.046

トゥルーディメンション グロウチーク
（G003 シャインアウト）／ hince

チークなのですが、ハイライターとしても使えるマルチユースアイテム。上品に輝くパールがとにかく綺麗で、Cゾーンに入れると一気に華やかな雰囲気にしてくれます。

OTHER ITEM :

マジックコントゥアリングハイライター（No.2 Glam）／ ARITAUM

ベージュ系のハイライターなので、すっごくナチュラル！パールはそこまで強くないけれど、光が当ったときにさりげなく輝きます。

プリズムエアーハイライター
（#01 Gold Sheer）／ CLIO

粒子が細かく、ゴールド系のベージュで華やかなツヤを出してくれます。基本のメイクにも取り入れていますが、とにかく可愛い♡。

大好きな彼へ♡

Lip Lip Lip

待ちに待ったデートの日は、ジュワッと発色してくれる印象的なリップを選んで彼の視線を釘付けに。
愛らしさを全面に押し出して、いつもより可愛い自分へ。

Feeyong select Korean cosmetics / **Lip Lip Lip** / Pure Natural / Sweet coral / GLOSSINESS / Feel more Relax

#ぷるぷるリップ大作戦

Chapter 2 / Makeup

How to make :
Lip Lip Lip

Step.1

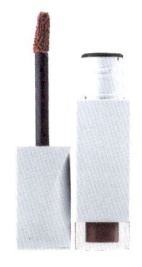

デートの日はしっかり発色＆うるツヤ感があるティントリップで、ツヤツヤちゅるんな唇に。スパチュラで唇を縁取りながら全体にしっかり塗っていきます。

＼　#ぷるぷるリップ大作戦に合わせるオススメカラー　／

EYE

アイシャドウは愛されピンクで決まり。やりすぎ感のないラメとふんわり色づくピンクで、思わず守ってあげたくなるような雰囲気に。やりすぎ感を出したくないのと、リップを際立たせるために、目元は単色のアイシャドウを使うのがポイント。

HIGHLIGHT

Tゾーン、Cゾーン、顎にはベージュ系のハイライトを程よく主張する程度に入れて上品に。ハイライトを入れるだけで顔に立体感が出てくるので、ひよんのメイクでは必ず使うアイテム。

まるですっぴん♡

Pure Natural

素肌感のある儚げ女子をイメージしたピュアメイク。リップやチークは
レッド系を選んで、草原にいるような愛らしさを醸して。

#つる艶かすみ草女子

How to make :
Pure Natural

Step.1

素肌感を大事にしたいので、色がついていない化粧下地を塗って自然にトーンアップ。化粧崩れ防止の役割もしてくれます。

Step.2

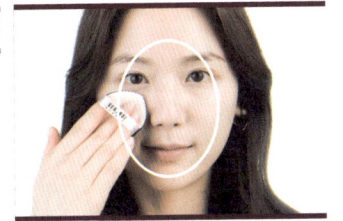

クッションファンデでツヤ感を出す。顔の中心から塗り始め、膜を張るようなイメージで周囲に伸ばすと自然な肌感になります。

Step.3

まぶたや小鼻などにもしっかりと塗っていく。水分量が多いクッションファンデを選ぶとツヤ感が出て綺麗な肌に仕上がります。

#うる艶かすみ草女子
に合わせるオススメカラー

EYE

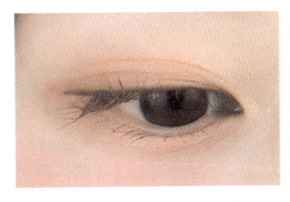

肌馴染みのよいベージュ系で、妖精の粉のような儚げラメをまぶたにオン。ラメが細かすぎると光沢感が強く出てしまうので注意しましょう。

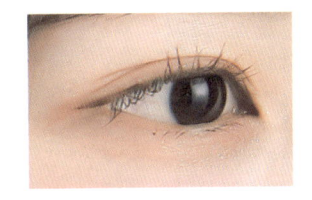

マスカラはブラウンやブラウンブラックといった明るめのカラーを使い、まつ毛のカールをキープする程度にのせて儚げな目元をつくります。

LIP and CHEEK

チークは血色のいいレッド系のクリームチークをセレクト。色味を統一するために、唇にもクリームチークをのせて愛らしいリップへと導きます。

NO 3

韓国女子に憧れて……♡

sweet coral

韓国で人気のコーラルメイク。甘さも美しさも兼ね備えた華やかなメイクで、
好感度抜群な愛されフェイスになりませんか?

Feeyong select Korean cosmetics / Lip Lip Lip / Pure Natural / **Sweet coral** / GLOSSINESS / Feel more Relax

#たっぷりコーラル女子

How to make :

sweet coral

Step.1

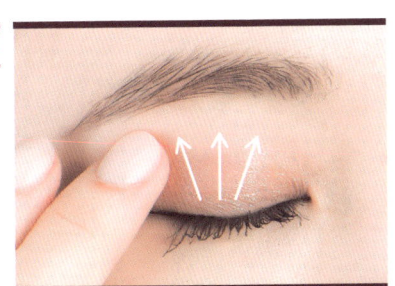

アイシャドウをまぶたの中央におき、自然なグラデーションになるよう、指の腹を使って扇状にアイホールへ広げていく。

Step.2

下まぶたは目頭から黒目の下あたりまでブラシで優しくのせる。のせすぎるとバランスが崩れるのでさっとラインを引くように。

Step.3

チークは指の腹を使い、こめかみに向かって楕円状に広げていく。広げすぎるとしつこくなるので、指2本分くらいの幅を目安に。

Step.4

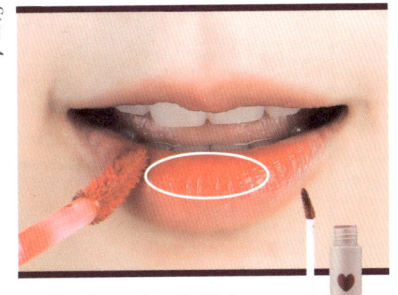

下唇の内側にスパチュラでラインを引き、唇を何回か合わせて自然なグラデーションをつくる。唇の山にはリップがつかないように。

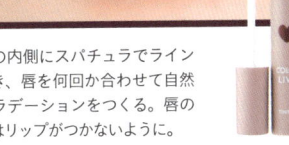

女子会華やかフェイス

GLOSSINESS

挑戦しにくいラベンダーカラーのチークを使って可愛く盛っちゃう女子会メイク。
細やかパールで上品さをアップさせちゃいます。

Feeyong select Korean cosmetics / Lip Lip Lip / Pure Natural / Sweet coral / **GLOSSINESS** / Feel more Relax

#大人計画進行中

How to make :
GLOSSINESS

Step.1

ラベンダーカラーのチークを頬骨の高い位置からこめかみまでさっと引く。普段使っているチークの上からハイライトとして重ねます。

Step.2

統一感を出すのと、立体感をプラスするために顎にもラベンダーカラーのチークをのせる。ブラシでポンポンと軽めに。

Step.3

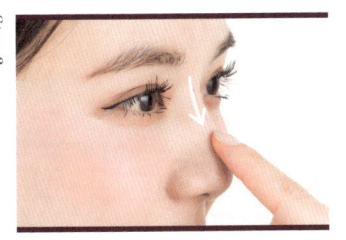

指の腹を使って、鼻筋にスーッとのせる。眉間から鼻の中央あたりまで。色が強く出すぎないように軽く入れると可愛く仕上がります。

#大人計画進行中
に合わせるオススメカラー

EYE

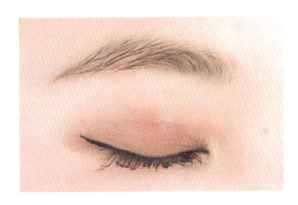

アイシャドウは大人な雰囲気を醸し、落ち着いた印象を与えてくれる濃いめのブラウン。ゴテゴテ感が出ないようにワンカラーで仕上げるのがポイント。

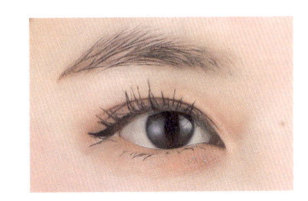

まつ毛はパッと上げて、アイラインは黒目の上から目尻まで入れ、少し跳ね上げるように。眉毛は少し薄めにすると抜け感が出ます。

LIP

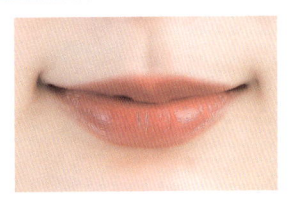

リップは大人可愛いボルドー系をセレクト。女子会メイクなのでリップはしっかりめに塗り、程よく光沢感が出るセミマット系を選ぶと尚よし◎。

休日でも可愛く♡

Feel more Relax

ワンマイルウェアに着替えてちょっとそこまで。いつもよりメイクは薄めに、
チーク＆リップで印象付けるベビーフェイスメイク。

Feeyong select Korean cosmetics / Lip Lip Lip / Pure Natural / Sweet coral / GLOSSINESS / **Feel more Relax**

#ありのまま風メイク

How to make :
Feel more Relax

Step.1

手前側の濃い色をメイクブラシを使って頬骨の高い位置に丸く入れる。ブラシの毛先を使って小さめに入れていきます。

Step.2

一番奥の薄い色を使い、先に入れた濃いピンクの縁をぼかしていく。その後、フェイスラインに向かって広げていく。顔の余白を埋めるようなイメージ。

＼ #ありのまま風メイクに合わせるオススメカラー ／

EYE

チーク以外は色味を抑えて休日感を出す。アイシャドウは肌馴染みがよく、高見えするブロンズゴールドをセレクト。単色だけど華やかな雰囲気が簡単に出ます。

LIP

リップは水分量が多くて潤いがあるものをセレクト。ツヤ感を出すというよりは、休日メイクなので保湿ができるものだと尚よし♡。

韓国に
行ったら
要チェック♡

ひよんオススメ韓国コスメ♡

My favorite :
KOREAN COSMETICS

韓国旅行に行ったら必ず買いたいのが韓国コスメ。
月に一度は韓国に行くというひよんが、
絶対にチェックしてしまうというブランドをピックアップしたよ♡

NO.1

hince
【 ヒンス 】

CHEEK

＼ feeyong comment ／

最近の韓国コスメは
大粒のラメ感がとっても可愛い！
ヒンスのチークはハイライトとしても
使えたり本当に万能です
リップもティントだけどツヤ感もあって
使いやすいですよ♡

うっとりしてしまうほどの美発色
ツヤ感アップ確実な最旬コスメ

LIP

2018年にローンチされた大注目ブラ
ンド。ほのかなラメ感が楽しめる
チークや、唇にのせた瞬間にじゅわ
っと色づくリップなど「こんな色欲
しかった！」が必ず見つかるはず。
カラーバリエーションも豊富。

GOOD!
GOOD!

NO.2

LAKA
【 ラカ 】

モード感たっぷりな秀逸カラーが揃う
スタイリッシュなコスメブランド

韓国初のジェンダーニュートラルメイクアップブラン
ド。モードでお洒落なカラー展開で、普段使いしやすい
アイシャドウやチークなど主要コスメがワンブランドで
揃います。各コスメのカラーが絶妙に可愛い♡。

EYE SHADOW

CHEEK

NO.3

OLIVE YOUNG
【 オリーブヤング 】

韓国に行ったら絶対チェック！
オリーブヤングのプライベートブランド

プチプラコスメから日用品まで揃う、韓国の有名ドラッ
グストア「オリーブヤング」。「colorgram：TOK」や
「WAKEMAKE」など、プライベートブランドコスメも
充実♡。プチプラなのでお土産にもぴったりです。

EYE
SHADOW

LIP

EYE PALETTE

NO.4

espoir
【 エスポワール 】

香りもカラーも抜群に可愛い
韓国らしい絶妙カラーに出会える

もともとは香水を中心に展開していたブランドなので、どのコスメも香りがいいのが特徴。どのコスメも優秀なのですが、なかでもおすすめしたいのがカラーマスカラ。日本にはまだないような、絶妙なカラーが揃います。

MASCARA

NO.5

SIERO COSMETIC
【 シエロ コスメティック 】

魅惑の唇になれちゃうかも?
ひょん推し韓国コスメ

ファッションディレクターが手がけるコスメブランド。なかでも人気が高いのは潤いたっぷりの唇にしてくれるというリップ。つけ心地のよさはもちろん、パッケージの可愛さも◎。韓国に行ったら要チェックです!

LIP

NO.6

rom&nd
【 ロムアンド 】

この色欲しかった!が見つかる
普段使いしやすいカラー展開

メイクアップアーティスト、ミン・セロムさんが手がけるコスメブランド。パーソナルカラーのスペシャリストということもあり、コスメのカラーが抜群に可愛いと話題。きっとお気に入りのカラーが見つかるはず。

FOUNDATION

EYE SHADOW

番外編 程よい煌めきにひと目ボレ♡ **ひとつは持っておきたいラメシャドウ**

繊細なキラキララメで
みんなの視線が釘付けに

いま韓国ではラメシャドウやグリッターがすごく人気で、目元に華やかな輝きを与えてくれるラメアイテムが増えているそう。数あるなかでも、ひょんがおすすめするのは「CLIO」「BBIA」「MISSHA」。韓国に行ったらチェックしてみてくださいね!

（ CLIO ）

（ BBIA ）

（ MISSHA ）

Chapter 3

デパコス級に使える

" プチプラコスメで ひよんメイク "

ドラッグストアで買えるプチプラコスメを使って、
普段のひよんメイクを再現。
みんなが普段使いやすいブラウンカラーをメインに使ったメイクや、
高校生にも挑戦しやすいナチュラルな
メイクにもチャレンジしてみたよ♡。
メイクに迷ったら参考にしてくれると嬉しいな。

Feeyong
MAKE
BOOK

P.054

プチプラコスメで
愛されひよんメイク

P.060

オトナめブラウン

P.063

校則にも負けない！
『ナチュ見えメイク』

Item to Use :

[デパコス級プチプラコスメメイク]

— ITEM TO USE —

シェーディングスティック（02 ベージュブラウン）／CEZANNE

スティックタイプなので塗りやすく、しっかり色づいてくれるのでとっても便利！

ニュアンスアイブローマスカラ（BR774）／INTEGRATE

ベタッと塗っている感のない、パウダリーな仕上がりでナチュラル眉がつくれます。

ヘビーローテーション カラーリングアイブロウ（08 アッシュグレー）／KISSME

おしゃ色アッシュグレー。しっかり色づくので大人っぽいメイクをするときに♡。

超細芯アイブロウ（02 オリーブブラウン）／CEZANNE

眉はもちろん、涙袋を描くときに欠かせない。細芯で描きやすいところもお気に入り◎。

スキンカラーコントロールベース（PK）／KATE

血色アップに繋がるピンクのコントロールベース。伸びがよくて使いやすいんです。

スキンカラーコントロールベース（LV）／KATE

透明感をプラスしてくれるラベンダー。ピンクのコントロールベースと混ぜて使うよ。

パウダリースキンメイカー（02）／KATE

薄づきでもカバー力があって、肌の上でパウダーに変わるから肌がサラサラな仕上がりに。

毛穴かくれんぼ下地／毛穴撫子

さっとひと塗りするだけで、気になる毛穴をカバーしてくれる。肌色を邪魔しないのも◎。

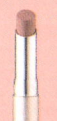

リップティント N（102 シマリングベージュ）／OPERA

ツヤ感とうるうる唇になるのが、このリップの好きなところ。(限定商品・販売終了品)

カラーミキシングコンシーラー（C11 ピンク＆ライトベージュ）／CANMAKE

3色入りのパレットコンシーラーは、血色感を与えるピンク＆ライトベージュをセレクト。

マットフルールシェーディング（02 ダークブラウン）／CANMAKE

単色でもミックスでも使えるパレット。自分の肌の色に合うカラーがつくれるから便利。

シングルカラーアイシャドウ（04 クリアラメ）／CEZANNE

重ねづけしても重たくならない、透け感のあるクリアラメ。粒子が細かくて使いやすい〜！

クリームチーク（16 アーモンドテラコッタ）／CANMAKE

肌に塗った瞬間にパウダーっぽい質感に。ひよんはリップにも使うことが多い♡。

シルキーリキッドアイライナー WP BK／D-UP

目元を強調したいときに使えるブラックのリキッドアイライナー。速乾タイプなのが◎。

ツーステップマスカラ E（ディープブラック）／キングダム

マスカラ下地がセットになっているのが◎。※現在はキングダム ツーステップマスカラ WPが発売中

ラッシュアップ E（ダークブラウン）／dejavu

ブラシが細いのでまつ毛の一本一本に綺麗に塗ることができ、存在感のある目元へ。

精油カラーリップスティック（バーニング レッド）／THE PUBLIC ORGANIC

100％天然由来成分を使用した色つきリップスティック。保湿もできるので休日にも◎。

ちふれ パウダー チーク（570 レッド系）／ちふれ

プチプラでこの発色はすごい！ ブラシ付きなので外出先でのメイク直しもラクチン。

パールグロウハイライト（01 シャンパンベージュ）／CEZANNE

くすみを飛ばし、濡れ感のあるツヤ肌にしてくれるハイライト。パール感がいい感じ。

グラマラスモード アイパレット（BR-2 ヴィンテージブラウン）／Visee

普段のメイクを華やかにしてくれる、パール感のあるアイシャドウ。パッケージも素敵。(限定商品・生産終了品)

ラスティンファイン E クリームペンシル（ダークブラウン）／dejavu

さりげなく目元を強調してくれるダークブラウンのアイライナー。自然なラインが◎。

Petit Price
Makeup

1

プチプラ
コスメで

「愛されひよんメイク」

最近のプチプラコスメって、カラーもラメ感もカバー力も、
デパコス級に使えるものばかり。
そんな優秀コスメを使ってひよんの基本メイクをしてみたよ♡。

How to make :
#愛されひよんメイク

01

毛穴隠しを鼻に薄く塗っていく。塗りすぎてしまうとファンデーションがヨレてしまうので、膜を張るようなイメージで薄く伸ばす。

02

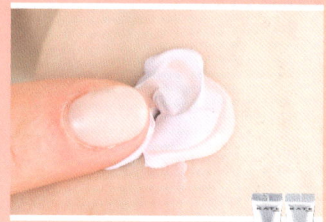

ラベンダーとピンクの下地を手の甲で混ぜ、顔全体に塗る。顔と首のトーンを揃えるため、余った下地を首にも塗っておきます。

03

手の甲で混ぜる

ブラシでコンシーラー3色を手の甲にのせ、色を混ぜて自分に合うカラーをつくったら肌にのせる。ポンポンと指で叩きこみながら肌に馴染ませていきます。

04

リキッドファンデーションを塗る。顔の中心から周囲に広げていくイメージで、伸ばして塗るというよりは指の腹でポンポン叩きながら顔全体に馴染ませていきます。

05

シェーディングを顎から耳下に向けてひと塗りし、メイクスポンジをジグザグに動かしながら顔と首の境目をぼかすように伸ばしていく。

06

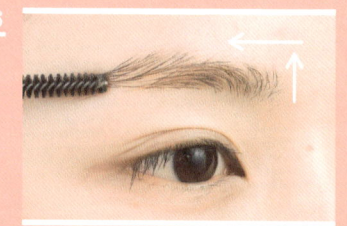

スクリューブラシで眉毛を整える。眉頭は上に向かって流し、眉山から眉尻は毛流れにそって横方向になるように整えていく。

Beloved Feeyong

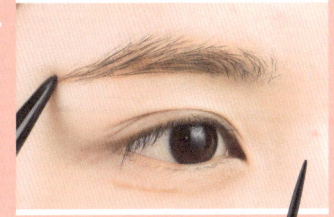

07

眉毛の足りない部分を平行眉になるように描いていく。眉毛の下の部分のみ描き足していくと眉と目の間隔が狭くなって目力がアップ。

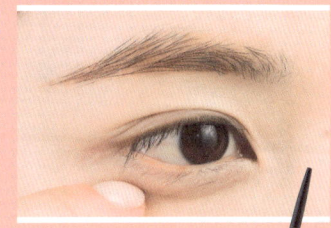

08

アイブロウペンシルで涙袋を描き、指でぼかす。涙袋は黒目の下あたりから目尻くらいまで薄く入れるだけでOK。

09

眉マスカラを塗っていく。眉毛をスクリューブラシで整えたときと同じように眉頭は上方向、眉山から眉尻は横方向に軽いタッチで。

色を混ぜる

10

ノーズシャドウは中央と右下の2色を混ぜ、手の甲で色をぼかしてから眉頭から鼻の中央くらいまで入れる。濃く入れすぎないように注意。

11

クリームチークを指にとり、頬骨の高い位置においたら逆三角形になるように指の腹で伸ばしていく。

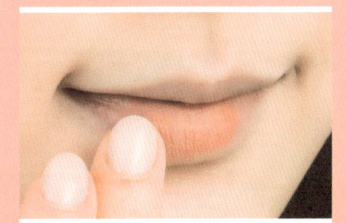

12

指に残ったチークを唇にのせ、全体に薄く伸ばす。色をつけるというよりは、血色をよくする程度でOK。

How to make :
#愛されひよんメイク

13

ハイライトを指にとり、Cゾーンと
鼻筋、顎に入れていく。鼻筋は眉
間から鼻の中央くらいまでさりげ
ない感じでさっと入れる。

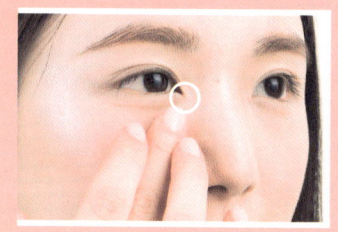

14

目頭にも軽くハイライトを入れる。
指でポンポンッと入れるくらいが
ベスト。これだけで一気に華やか
な目元になります。

15

アイシャドウを指にとり、アイホ
ールに広げていく。肌馴染みのい
いベージュ系ラメは単色使いのほ
うがラフな雰囲気で可愛い。

16

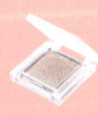

下まぶたは目頭から黒目の下あた
りまで入れる。目頭にラメが溜ま
らないように、入れ始めを目頭か
ら少し離してから伸ばすと◎。

17

ビューラーでまつ毛を上げたら、
まずはマスカラ下地を塗る。下地
でまつ毛の形をキープします。

18

下地を乾かしている間にアイライ
ンを引く。目の形に沿って目尻だ
け入れていきます。

Beloved Feeyong

19

マスカラはまつ毛の一本一本に塗っていくように。目頭のまつ毛にもしっかり塗っていくのがポイント。余分な液はコームで除去します。

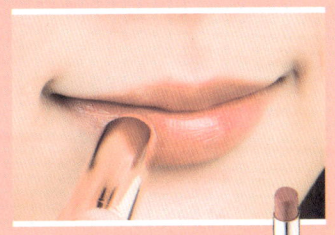

20

唇にはクリームチークで少し色をつけたので、ヌーディーなティントリップを重ねて大人っぽい色味とツヤ感を出します。

Feeyong's Point :

ローライトは2色使いで
自然なカラーに

ローライトは中央にある色と右下の薄いブラウンを混ぜて使うと、自然な肌の色がつくれます。混ぜるときはパレットの上で混ぜるのではなく、手の甲で混ぜるとムラのない綺麗な色がつくれます。

女神スポットで
煌めく目元へ

ハイライトは目頭の"女神スポット"にも入れてあげると、華やかさがアップするんです! キラキラとさりげなく輝くので目元にメリハリができ、デカ目効果も期待できます。細やかなラメ&ベージュ系を使うと大人可愛い目元がつくれますよ。

Beloved Feeyong

Otona Brown

2

「オトナめブラウン

ナチュラルに目元を強調してくれるブラウンをメインに、
オレンジ系カラーを効かせたオトナ可愛いひよんメイク。

How to make :
#オトナめブラウン

01

ベースメイクは『愛されひよんメイク』と同じ。眉の足りない部分をアイブロウペンシルで埋めたらスクリューブラシでぼかし、その上から眉マスカラをしっかりと塗る。

02

『愛されひよんメイク』と同様にローライトを目元と鼻に入れたら、薄いブラウン(2)を指にとり、アイホールに入れる。下まぶたは同じ色をブラシで全体的に入れていく。

03

濃いブラウン(5)をブラシで目頭と目尻に入れる。まぶたの中央を空けることで、抜け感が出て雰囲気のある目元がつくれます。

04

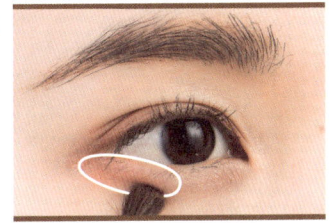

下まぶたは濃いブラウン(5)を目尻にだけブラシで入れる。目の形に沿って入れるとやりすぎ感のない、印象的な目元に仕上がります。

05

アイラインを目尻に引いていく。ラインを描くというよりは目尻を少し強調させるために入れるので薄く入れる程度でOK。

06

マスカラ下地を塗り、乾いたらマスカラを塗っていく。カラーはブラウンをセレクトして全体の統一感を出すようにします。

Otona Brown

07

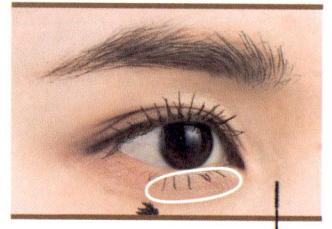

下まつ毛は目元が濃くなりすぎるのを抑えるために、アイシャドウを入れていない目頭から黒目の下まで一本一本しっかりと塗る。

08

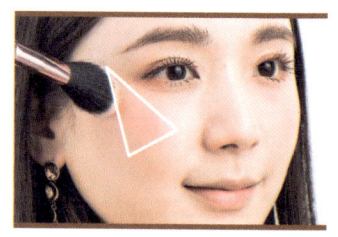

ブラシにチークをとり、軽いタッチでのせていく。頬骨からこめかみに向かって二等辺三角形になるように。大きめのブラシを使うと綺麗に入れやすい。

09

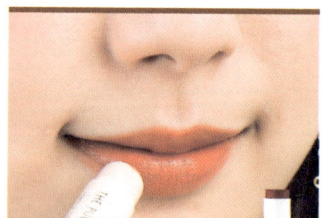

マット感のあるリップスティックを唇全体に塗っていく。大人っぽさを出したいのでツヤ感は出さない。

プチプラだけど
高見え顔♡

Feeyong's Point :

いつもよりちょっぴり控えめ
ゆるやかカールのオトナまつ毛

ひよんメイクでのまつ毛では、くるんと上がったCカールにすることが多いのですが、今回の大人っぽいメイクにはなだらかなJカールがおすすめ。大人っぽい目元にしたいのでカールも控えめに。

Otona Brown

3

プチプラ
コスメで

校則にも負けない！

『ナチュ見えメイク』

メイクが好きなのに校則が厳しくて……
という女子高生に向けて、ナチュ見えだけど
可愛さ倍増なメイクをご紹介します♡

Natural look

Item to Use :

[校則にも負けない！ ナチュ見えメイク]

ITEM TO USE

超細芯アイブロウ
（02 オリーブブラウン）
／CEZANNE

眉はもちろん、涙袋を
描くときに欠かせない。
細芯で描きやすいとこ
ろもお気に入り◎。

ベビー
ワセリンリップ
／健栄製薬

乾燥を防いでくれるワ
セリンのリップ。保湿
効果もあるし、ツヤの
ある唇にもしてくれる。

毛穴かくれんぼ
下地
／毛穴撫子

さっとひと塗りするだ
けで、気になる毛穴を
カバーしてくれる。肌
色を邪魔しないのも◎。

シルキーリキッドア
イライナー WP
BRBK ／ D-UP

ナチュラルな目元をつ
くるなら、ブラウンブ
ラックがおすすめ。自
然な目元になります。

ジュエリーシャドウベール
（02 ロマンティックゴールド）
／CANMAKE

ラメの粒感が異なる2
つのシャドウが楽しめ
る。さりげなく輝くゴ
ールドがおすすめ♡。

ボリュームアップレディグロス
（01 パールピンク）／
CANMAKE

ほのかにピンク色でツ
ヤ感のあるグロス。ひ
と塗りで唇に立体感を
出してくれるよ。

リップ＆チーク ジェル
（05 チェリーフロマージュ）
／CANMAKE

リップにもチークにも
使える万能アイテム。
ひと塗りすると自然で
血色のいい唇に。（生
産終了品）

すっぴん色づく美容液
フォンデュ［医薬部外品］
（ライトベージュ）／純白専科

美白ケアもできちゃう
ベースクリーム。塗っ
てる感が出ないので学
校メイクにおすすめ。

アイブロウマスカラ
（クリア）
／&be

眉毛の形を整えるだけ
で、垢抜けフェイスに
近づけるはず。クリア
はツヤ感も出て◎。

メイク度
40%
──
100%

校則にも
負けない！

『素肌っぽい肌づくり』

気になる部分はカバーしつつ、超自然なうるツヤ肌へ。
アラはすべて隠さないのがナチュラル肌に見せるポイント。

How to make :

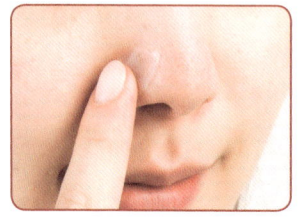

01 毛穴隠しを鼻周りに薄く伸ばしていく。膜を張るようなイメージで、塗りすぎ注意！

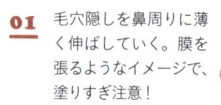

02 下地を目の下に3点おき、顔の中心から外側に向かって伸ばす。フェイスラインやおでこは指に残った液を使って薄く伸ばす。

03 眉毛は足りない部分を描き足していくだけ。描き終わったらスクリューブラシで少しぼかす。

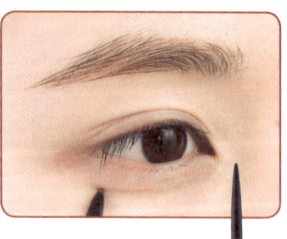

04 黒目の下あたりから目尻に向かって薄く涙袋を描き、指でぼかす。

05 リップ＆チークを指にとり、目に近い部分にのせる。楕円形になるように指で伸ばす。

06 下唇の中央にリップ＆チークをのせて自然な血色感を出す。指でトントンと叩いて馴染ませるくらいでOK。

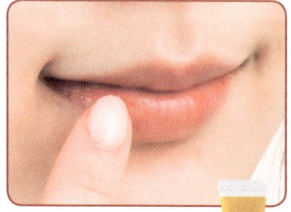

07 ベビーワセリンリップを指にとり、グロス代わりとして唇にのせていく。可愛いだけでなく保湿もできちゃう。

08 ベビーワセリンリップを指に少しだけとり、Cゾーンにトントンと軽く叩いて入れ、自然なツヤ感を出す。

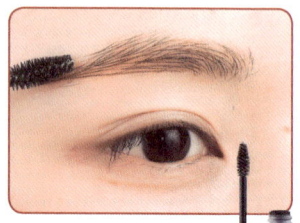

09 クリアの眉マスカラを眉にのせ、眉毛の形を整える。塗ると自然なツヤ感も出て、目元にメリハリが出ます。

Natural look

Natural look

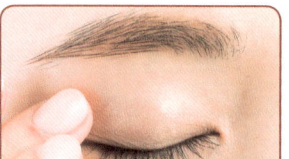
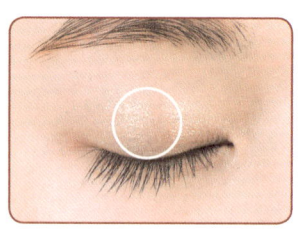
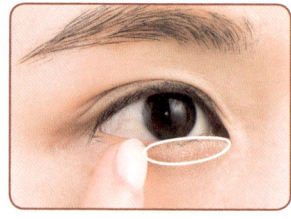
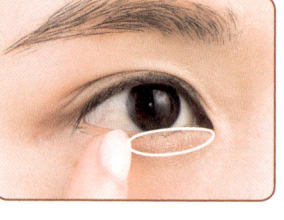

01 左側の細かいラメを指にとり、アイホールに薄く伸ばしていく。さりげなく輝く程度のほうが可愛く仕上がります。

02 右側の大粒ラメをまぶたの中央のみに置く。黒目の上にくる位置なので、これでデカ目効果を狙います。

03 右側の大粒ラメを指にとり、手の甲でなじませてから目頭から黒目の下まで軽くのせる。

メイク度
80%
100%

04 リキッドアイライナーで黒目の上の部分だけインラインを入れ、黒目を強調してあげます。

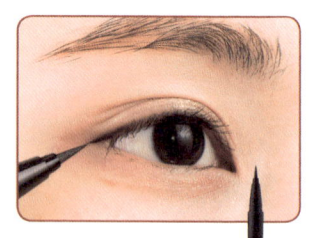

05 目尻にもほんの少しだけラインを。跳ね上げるのではなく、目の形に沿って入れる。

目元強調
でも
ナチュ見え

『キラキラ目元で存在感UP』

キラキララメの力を借りて存在感のある目元へ。
目元に輝きを足してあげるだけで、印象がガラッと変わります。

Natural look

メイク度
100%
100%

放課後
メイク♡

『愛され系女子メイク』

放課後はリップやチークをプラスして、愛らしいメイクにしちゃいましょ♡。
血色アップが期待できるレッド系のチーク＆リップで愛され乙女顔に。

Natural look

How to make :

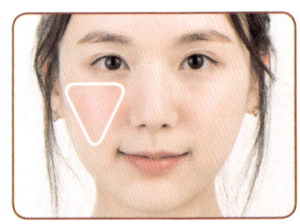

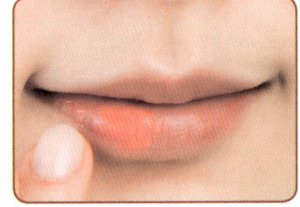

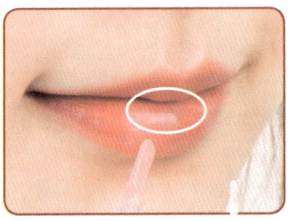

01 『素肌っぽい肌づくり』で入れたチークの上からさらに色味をプラス。気持ち濃いめ＆広めに入れていきます。

02 リップの色味を足していく。唇全体にしっかり塗っていきましょう。

03 グロスは上下の唇の中央のみにつけ、ピュア感のある、ぷっくりちゅるんな唇にする。

可愛く写真を
撮るなら♡

可愛さ倍増♡ セルカテクニック

How to :
SELFIE TECHNIQUES

お気に入りのお洋服を着て、メイクをして、写真のなかでも可愛い自分でいたい！
きっと女の子はみんなそう思っているはず。
とびきり可愛い写真を撮るためにひよんがしていることを教えるよ♡。

 『 斜め撮りで
おしゃカワ♡ 』

写真を撮るときはフレームにきっちり自分を
収めるのではなく、首をかしげてカメラも少
し斜めに傾けて撮るようにしています。たっ
たそれだけだけど、なんだかお洒落な写真に
見えませんか？ 頭が少し切れる角度で撮っ
たりすると可愛さ倍増です♡。

 『 確実に盛れる
自然光撮影はマスト 』

肌のツヤ感を綺麗に出してくれるのって、や
っぱりお日様の光なんですよね。だから外出
中は撮影タイムに最適。室内にいるときもな
るべく窓側で光が顔に当たる角度で撮影する
ようにしています。リップやヘアにツヤが出
て自然な盛れ顔になれます。

＼ 意外と盲点…！ ／

 『 影になる
位置を把握する 』

帽子の影を
考えて顔に光が
当たる
位置を計算

日差しが強いときって、帽子や前髪、まつ毛の影が顔にか
かっちゃいますよね。それがいい感じになるときもあるけ
ど、表情が暗く見えたり目の下がクマっぽく見えたりする
こともあるので、どこに影が入るのかは撮影前に絶対にチ
ェック！ だっていつでも可愛くいたいもん♡。

小物を使うのも
テクニックの
ひとつ♡

\ 知っておいて損はない！ /

techniques

『自分の盛れる
角度を知る』

顔の形って左右対象じゃないから、人それぞ
れ盛れる角度ってあると思うんだけど、その
角度を知っているのと知らないのとでは写真
の写り方が格段に変わります。ひよんは顔の
右側が盛れ顔だから、写真を撮るときは右側
が写るようにすることが多いかな。

techniques
5
『2人で撮る時は中央に
しっかり入るように調整』

2人で写真を撮るときは、フレームの中心に2人が入るよ
うにしています。周りに余白があったほうがお洒落な写真
になる気がするんです。遠近法で一歩後ろに下がるという
人もいるけど、ひよんはそれなら前に出ちゃう派！

techniques
6
『小物を使うのも
テクニックのひとつ♡』

お部屋の中で実践してほしいのが小物を使うテクニック。
頬が気になるならお気に入りのクッションをギュッと抱き
しめれば違和感なくフェイスラインをカバーできちゃうし、
小物で色が入るから自然と写真も明るい雰囲気になるよ♡。

techniques

『自分に合うアプリを見つける』

写真を撮ったらちょっぴり加工するって、もう当たり前だよね。加工ア
プリってたくさんあるし悩むけど、いろいろ使ってみて自分好みのカラ
ーにできるものを選ぶと◎。ひよんが主に使うのはこのアプリだよ♡。

ひよんの
お気に入り
アプリ♡

Ulike
リアルタイムで顔のパー
ツを微調整できる、
盛盛れカメラ。顔に立
体感が出て◎。

Pitu
画質もすごくいいけ
ど、画像編集でいろ
ろな顔のパーツを細か
く分けて修正できる。

Facetune 2
プリ機みたいな肌感や
目力アップを自然に加
工してくれるアプリ。
簡単＆自然なのが◎。

PicGizmo
画像を反転・回転でき
るアプリ。インスタの
遊び的に写真を反転し
たいときにおすすめ。

モザイク
指でなぞった部分をぼ
かしてくれます。モザ
イクは12種類もあっ
て加工して楽しい♡。

Snapseed
明るさやコントラスト
を編集できるので、夜
撮影した写真も簡単に
明るくできちゃう。

合成スタジオ
写真の切り抜き＆合成
ができるアプリ。遊び
感覚で楽しく画像編集
できちゃいます。

Foodie
食事を撮影するときは
このアプリ。顔も盛
れる♡。おすすめのフ
ィルターはTR1。

SNOW
もうこれはみんな使っ
ているよね！スタンプ
やフィルターが豊富で撮
るのが楽しくなる〜！

SDWM

Noon

努力はかわいいを裏切らない。

Love
FASHION

ばっちりおめかしして、準備完了。
大好きなお洋服に身を包んで、るんるん気分。

Feeyong
MAKE BOOK

Chapter 4

みんな質問ありがとう♡

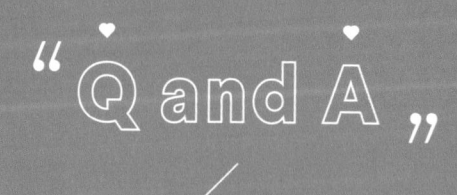

"Q and A"

Instagram、Twitter、YouTube を
見てくれているみんなに募集した質問にひよんが答えます！
たくさん質問がきてすべてには答えられなかったけど、
これを見てひよんのことをもっと知ってくれると嬉しい。
コスメ、スキンケア、
ファッションのこと全部お答えします♡。

- ♥ 恋愛のこと
- ♥ メイクやファッションのこと
- ♥ 人生のこと
- ♥ 食べ物やダイエットのこと
- ♥ お仕事のこと

Questions to Feeyong

ひよんに聞きたい 120 のこと

ひよんに聞きたい質問を SNS で募集したら、すごい数でびっくり！！
その中から 120 個をピックアップして答えてみたよ♡。

恋愛のこと

Q.1 ひよんちゃんの好きな男性のタイプを教えてほしいです！／はるひ

優しさは外せなくて、礼儀正しく威張らない人。話し合いがしっかりできる人。

Q.2 ひよんちゃんの初恋の話が聞きたいです！／匿名

初恋は小学 1 年生のとき！でも男の子と話すことが苦手で、その好きな人と楽しく話した記憶がないです。あらゆる手を使って、授業中にあからさまにその人を見てたり（今考えると恐怖……）頑張って話しかけようともしてたけど、全然相手にされてなかったのを覚えてます(>_<)笑。結局その人を中るくらいまで好きだった（笑）。

Q.3 1 年後に結婚式があるのですが、ヘアメイクやドレスのイメージが全く定まりません！（笑）。ひよんちゃんがもし結婚式をするなら、どんなヘア & メイクでどんなドレスを選びますか？ 参考にしたいのでぜひ教えてください！／匿名

わー🌹ご結婚おめでとうございます😍🍀ひよんは一生に一度のお祝い事なので、自分が大好きな雰囲気を存分に出したいと思ってる！ ドレスは背中が大胆にあいているけど、首元や腕の部分は総レースのもので、とか予定もないのにドレスのシミュレーションはばっちり💖爆。でも、自分に似合ってることも大切だと思うから、インスタとかで情報収集していろんなドレスを試着すればいいと思う💕

Q.4 失恋経験はありますか？ その時はどうやって乗り越えましたか？／ 22 歳 男子きたし

たくさんある。一回思いっきり落ち込んでどん底までいってスッキリさせる。男の子は他にもたくさんいるって思うことにする。

**Q.5 今までででひと目惚れしたこと
ありますか?／もも**

人生で1回だけある！！！！ あのときのトキメキが
忘れられない💕（笑）。

**Q.6 ひよんちゃんの
恋愛事情！♡／つぐみ**

素敵な恋愛がしたいって常に思っている…笑。

**Q.7 好きな人をデートに
誘う勇気がなかなか出ません。
ひよんちゃんならどんな感じで
誘いますか?／そんよん**

好きな人だったら、趣味の話から広げて2人で遊ぶ約
束ができるように頑張る！（笑）。 もし同じ趣味がな
かったら、彼の趣味を教えてほしい！と言って、遊ぶ
約束をする💕相手が完全に自分に興味なさそうだっ
たらできないけど、少し可能性があると感じるならぐ
いぐいいく！！（笑）。

**Q.8 男性にされて
キュンとする
仕草はなんですか?／たけろー**

とっっっっっても王道だけど、ほっぺとか急に触れられた
ら鼻血。爆w。

**Q.9 かっこいいと思う
男の子の条件。／匿名**

内面が男らしい人。紳士的な人。レディーファースト
ができる人。顔は好きなタイプが割と幅広いの！（笑）。

**Q.10 彼氏にするなら、
韓国の人?
それとも日本の人?／亜香里**

国籍は関係ないって実際に自分が付き合ってみて改め
てわかった！ 本当に国籍は関係ないって感じるよ💕
だから、その人自身の性格とか自分と合っているかが
大切って思う💕

メイクやファッションのこと

**Q.11 ひよんちゃんは何歳からメイク
をしましたか?／ななみん**

しっかりメイクを始めたのは大学生になってから。で
も、幼稚園のときから口紅とかはつけてたよ💕もの
すごくませてた！（笑）。

**Q.12 ひよんちゃんおめでとー！
メイクってどうやって
覚えましたか?／さち**

ありがとう💐メイクは情報収集！ それこそC CHAN
NELの撮影を通して、メイクの方法を勉強したしいろん
なメイクがある中で、自分に似合う方法をひとつひとつ
集めていって完成したのが今のひよんメイクです！！

**Q.13 男性が女性に
クリスマスプレゼントか
誕生日プレゼントを渡すなら、
どんな化粧品がいいですか?／やすみ**

リップとかシャドウとかポイントメイクのコスメだ
と、何個あっても嬉しいのでいいと思う💕

**Q.14 ついチェックしちゃう
コスメブランドは
なんですか?／marin**

韓国コスメが特に大好きだから、韓国コスメのインス
タはたくさんフォローして新しいアイテムをチェック
できるようにしているよ💕

Q.15 オレンジメイク、ナチュラルメイク、ピンクメイク、この中ならどれが好きですか？／ぷぅ

「ナチュラルメイク！！！」

Q.16 私はいつもアイシャドウを濃く塗りすぎてお化けみたいになります。塗り方を教えてほしい！／なな

「色味を薄いものにしてみるとか、単色アイシャドウで仕上げてみるとかはどうかな？ ひょんもメイクをする時は濃くなりすぎないように少量ずつつけてバランスを見ているよ！！」

Q.17 色薄い系メイクでいい感じのアイシャドウチップを教えてほしいです♡／はづき

「色素薄い系だと色は薄くてラメ感がかわいいシャドウ＆うるツヤ唇ものがいいと思うから、
シャドウ：3CE（4色パレット）
リップ：オペラ
あとはブラウン系のカラコンを入れるのもいいと思う！ RUSSIAN GOLDのカラコンがおすすめ❤」

Q.18 眉毛のお手入れの仕方も知りたいです。／奈美

「眉毛は生まれたときからいじったことがないから、お手入れはわからないの(>_<) オンマに眉毛をいじったら、両津勘吉みたいに消えないマジックで描くよって話されていて、それを言ってくれたオンマと、信じていた小学生の自分にありがとうって思う(笑)。」

Q.19 アイラインをうまく引く方法を教えてください！／匿名

「手の平をほっぺたに固定して描くと上手く描けるよ！」

Q.20 どんなことがきっかけでお洒落やメイクに目覚めましたか？／えりな

「幼稚園の頃から口紅をつけて通園していたくらいだから、その頃からお洒落とか女の子らしいことが大好きだったよ👰💕」

Q.21 自眉を太くしたいときのボサボサに見えない方法ってありますか？／twiinkl

「眉毛の毛並みを整える！」

Q.22 リップの色は何色が好き？／匿名

「昔は断然ピンクが好きだったけど、最近はピンクベージュみたいなヌーディーな色だったり、コーラル系の肌馴染みのいい色が好きになってきた！」

Q.23 自分に似合う色がわからないとき、どうしたらいいですか？イメージがつかないんです……。／匿名

「想像だとイメージできないのは当たり前だから、実際に自分の目で見て判断するのがいいと思う！それか、友達に相談したり！ ひょんも白黒だったり無難な色以外は常に挑戦の気持ちだよ！」

Q.24 ひょんちゃんの髪質を教えてください！／匿名

「毛量が多くて、毛質は少し細い感じかな❤」

Q.25 いつも使っているシャンプーはなんですか？／こゆき

「moremo、ジョバンニ、オーガニクスが安定に好き❤」

Q.26 おすすめの髪色は？／はーにょん

「アッシュブラウン系は割と誰にでも似合って可愛い色だと思う！」

Q.27 死ぬまでにやってみたい髪型・髪色は？／匿名

「白っぽい金髪、ピンク系。」

Q.28 好きなお洋服のブランドを教えて欲しいです！／しーちゃん

『ZARA』『emmi』『honey mi honey』『11am』『STYLENANDA』

Q.29 韓国風の服装をするとき、どこで買ったりしているのかと、気をつけていることを知りたいです！／ゆかこ

スタイルナンダは本当に韓国っぽい雰囲気を出せるから好き🐾 気をつけていることは、韓国っぽいって言っても自分に似合うように自分要素をコーデに入れるようにしている！

Q.30 好きな服の系統はなんですか？／みこと

こなれて見えるカジュアル笑。ときどきすごくガーリーな女の子らしいお洋服も着たくなるけど、最近は自分らしくないって思って断念している……。

Q.31 コーデを決めるとき何から決めることが多い？／彩菜

着たいって思うアイテムを基本にコーデを組んでいく！ そういう着たいアイテムもないときは、どんな雰囲気に仕上げたいかで色からアイテムを選んでいくよ🐾

Q.32 その日のコーデを決めるときに会う人のテイストとかを考えて合わせたりする？／ひなぴよ

人に合わせて変えることはないけど、行く場所によっては変えるようにしてるよ🐾

Q.33 毎年冬になると指のパックリ割れがひどく、いろんなハンドクリームを試してきましたがこれといったものに出会えていません。しっかり保湿されるおすすめのハンドクリームはありますか？／むよん

atrixのハンドクリームと、ukaのネイルオイルのセットが割と好き！

Q.34 コーデを組むときに意識していることはありますか？／まり

全体的なバランスがよくなるように！

Q.35 お洒落でいつも気にすることは？／りこ

トータルバランス🐾。

Q.36 美の秘訣は？／匿名

365日自分の見た目を考えない日がほぼない！笑（1年トータルで1週間くらいは少しぐーたらしちゃうかも😌）。

Q.37 ひょんちゃんは肌荒れしたらどうしますか？／匿名

肌荒れの原因に合わせてスキンケアを変えてみる。それでもダメなら病院に行くよ！

Q.38 スキンケアで絶対にこれだけはどんなに疲れていてもやる！ってものがあったら教えてください。／はるか

肌を綺麗に洗うこと！ いくらいい保湿ケアをしても、基礎の肌が綺麗じゃないと意味がない。

Q.39 ひょんちゃんがどこまで日焼け対策をするのか、どのような対策をしているのか教えてほしいです！／なな

そこまで徹底はしていなくて、毎日日焼け止めを塗る。日差しが強いところは歩かない。日陰を歩く。くらいかな！

Q.40 小学生、中学生のときに美容系でやっていたことってありますか？／ゆり

特にないかな。その頃は最低限のスキンケアで大丈夫だと思う。日焼け止めだけしっかり塗っていればいいと思う🐾

Q.41 これだけは絶対にないと生きていけない〜！ってコスメを教えてください！／りさ

お気に入りのコスメが多すぎて選べないけど、イニスフリーのスキニーアイブロウペンシルは大大大好き💗

Q.42 お肌のために気をつけていることはなんですか？／みより

メイクはしっかり落とす。保湿はしっかり。脂っこいものをあまり食べない。※特に夜中

Q.43 美容のことで一番気をつけていることはなんですか？／さゆり

丁寧にすること。毎日続けること。

Q.44 ひょんちゃんは何を目標に美を極めているのですか？／もぐちゃん

自分が常に可愛くいたいっていう願望を目標に毎日頑張っているよ！（笑）

人生のこと

Q.45 大切にしている言葉は？／（ちぇん）

謙虚・好奇心・自分は自分

Q.46 ひょんちゃんはいつも頑張っていてすごいって思ってるんですけど、ひょんちゃんの頑張りの源はなんですか？／あおリーナ

そもそもお仕事が楽しいから頑張れるっていうのがあると思う！あとは結果を出したい！という気持ち。

Q.47 ひょんちゃんは10年後どうなっていたいとかありますか？／るー

今のお仕事を続けながら、結婚して素敵な家庭を築いていたい！子どもは2人💐（笑）。

Q.48 2019年で一番嬉しかったことは？／瑠華（りゅうか）

hiyonをオープンしたこと。ネットショッピングは昔からやりたいとひそかに描いていた夢なので、とっても嬉しかったしこれからも頑張りたい！！

Q.49 ひょんちゃんが欠かさず持ち歩いている小物を知りたいです。／匿名

手鏡、ハンドタオル、リップ。

Q.50 ひょんちゃんが男の子になったらしたいこと3つ！／あぽろりん

①女の子とのデートプランを考えてすべてもてなす。②上半身裸で泳ぎたい。③坊主にしてみたい（ボディソープで全身を洗う）。でも女の子に生まれてすごく幸せ（笑）。

Q.51 まだまだ若いのにすごいな〜と思いながらいつも美容のこと参考にしています♡ひょんちゃんの参考にしている美容系のクリエイターさんなど教えてください。／そのこ

ありがとうございます💐！特定の人は特にいないけど、たくさんの人、SNS、雑誌とかを見ながら参考にしている！

Q.52 ひょんちゃんは何人兄弟ですかー？／匿名

お兄ちゃん1人＆弟1人の3人兄弟。

Q.53 子どもの頃の将来の夢は？／にぁ

お花屋さん。

Q.54 10代のうちにこれだけはやっておくといいことや、しておけばよかったことってありますか？／マイケルわかな

語学の勉強！10代のときが自分に費やせる時間が一番多いと思うから、自分の身になる勉強をしっかりしておけばよかったって思う……。

Q.55 無人島にひとつしか化粧品を
持っていけないとしたら
何を持っていきますか？／あやか

『 ベース（日焼け止め効果ありのもの）。』

Q.56 ひよんちゃんの
幼いときの写真が見たい！／みるきー

『 はい💗 』

Q.57 ひよんちゃんのコンプレックスはありますか？
あったらどうやって気にしないように
なりましたか？／芙祐

『 コンプレックスだらけ！体型も顔にもコンプレックスは
あって、顔は自分の顔の研究からメイクの研究、体型は
マッサージとダイエットで頑張ってるよ！（継続中）』

Q.58 毎日ハッピーに過ごすには？／のぞみ

『 一日をハッピーな気持ちで終われるようにする！嫌なこ
とがあったとしても、その日のうちに解決して寝るとき
には幸せだったって思えるようにする❤️ 』

Q.59 人生のモットーは？／ちいちゃん

『 人生一回きり。』

Q.60 人生を変えてくれたきっかけが
あれば教えてください。／えりちょん

『 C CHANNEL に出会ったこと。』

Q.61 自分の好きな顔のパーツは？／あやか

『 眉毛。』

Q.62 自分へのご褒美としてすることは
なんですか？／真夕

『 誕生日に欲しいものを買う。そのためにお仕事を頑張る！！』

Q.63 オンマの好きなところは？／くるみ

『 この世に存在してくれているだけで大好き（笑）。』

Q.64 今一番行きたい国は？／ベル

『 ヨーロッパ！街並みが可愛いから hiyon のお洋服の撮影
をしたい。』

Q.65 ひよんちゃんの
チャームポイントは？／れな

『 眉毛（笑）。』

Q.66 2020 年にチャレンジ
したいことは？／yuyu

『 たくさんありすぎる。コスメプロデュース、カラコン、
プリ機、文房具や小物、バンジージャンプ、スカイダ
ビングetc. 』

Q.67 今まで観たとっておきの
映画を教えて！／いふぁ

『 シェイプ オブ ウォーター！なぜか好きな映画のひとつ。』

Questions to Feeyong

Q.68 朝起きて幸せだなって感じる瞬間は ありますか♡？／S.O

恋愛してたら、思う割合が多いかも💐（笑）。

Q.69 日本で観光して素敵だな〜また行きたいな〜 と思った場所はある？／ひなぴょ

金沢！ゴハンも美味しかったし、街も綺麗で素敵だった🌸冬に行ってすごく寒かった記憶があるから、今度は暖かい時季にいきたいな🌸

Q.70 自分のことを好きになることが、すごく 難しいです。どうすればいいですか？／とわ

自分ができることを増やす。例えば資格をとったり検定試験を受けることかな🙂資格を取るために努力をして、達成、評価をされれば自信にも繋がると思う！

Q.71 自分が失敗したなって落ち込んだときの 切り替え方を教えてください！／さとみ

友達やオンマに話を聞いてもらう😂❤️ 言うだけではなくて、なぜ失敗したのか理由を考えて、次は失敗しないようにと決めれば気持ちも切り替えられると思う！

Q.72 ひよんちゃん憧れです♡ 女子力の源ってなんですか？？／みい

自分が可愛くいたい！という気持ち。

Q.73 この人参考にしている！とか、憧れ！という 人はいますか？ 私はひよんちゃんです♡。／モモ

ありがとう😂💐紗栄子ちゃん、石原さとみちゃん、田中みな実ちゃんが好き。

Q.74 可愛くなりたいと思った きっかけって何かありますか？／夢実

昔からお洒落が好きだったので、物心ついた頃から可愛くなりたい！っていう気持ちはあった気がする（笑）。

Q.75 幸せだなぁーって 思うときはいつ？／ひなっち

ファンの方からコメントがいっぱい来たとき！！みんないつもありがとう😊本当に感謝の気持ちでいっぱい。＋食べているとき。

Q.76 ひよんちゃんがひよんちゃんらしく いられる秘訣ってなんですか？／みくわっぱ

他人と比べない。自分は自分。

Q.77 子どもに名前をつけるとしたら なんてつけたいですか？／ぴぴぴ

いまは女の子しか考えていないのだけど、「潤（ユン韓国語の読み方）」！ これは高校生のときから決めている！ 男の子は産む予定がその当時はなかったから、考えてなかった😂（笑）。

Q.78 最近やっている自分磨きは？ ／わか

本を読むこと！ 本を読むのが苦手なのだけど、学ぶことがあるって改めて思う。

Q.79 ひよんさんの 初恋の思い出は？♡／ちゃき

その当時CMで流れていた、名刺を「これよろしく」と男の子が女の子に渡すシーンがあって、そのシチュエーションをされたときに渡された画用紙（名刺サイズに切ってる）が自分の宝になったこと（笑）。

Q.80 好きな人に告らせる方法！／ゆゆ

自分から好き好き雰囲気を出しまくる（笑）。

Q.81 ひよんちゃんの座右の銘！ ／しろみん

初心忘れるべからず。

Q.82 彼氏や好きな人を夢中にさせるひょんちゃん流テク！ ／うるぼし

押し引き作戦！これはすごくいいと思う（笑）。

Q.83 いつまでに結婚したいですか？また、ここだけは譲れない！はありますか？ ／aya

30歳くらいまでにはしたいかな 💖 価値観が合うこと。優しい人。

Q.84 自分の好きなところ！ ／かねこ

ポジティブ。負けず嫌い。

Q.85 ついつい言ってしまう口癖。 ／はるぴょん

「それこそ」「なんか」

Q.86 5年前と5年後の自分に一言！ ／イズミ

5年前→もっと勉強して。
5年後→子育てしてる？（笑）。

Q.87 ついついやってしまう癖ってありますか？ ／あまり

鏡をずっと見てる（マネージャー情報）。

Q.88 本当にあった嫌な女の話。 ／cs

マウンティングしてくる女の子。

Q.89 ひょんちゃんのよく使う絵文字は？ ／まりまり

👶 🌸 🐣 🦔 🫦

Q.90 今の一番の夢はなんですか？♡ ／匿名

カラコン、プリ機、コスメなど、まだプロデュースしたことのないものをしたい！！！

Q.91 辛いときに勇気をもらえる言葉はなんですか？ ／匿名

なんとかなる！

Q.92 ひょんちゃんは何もかも嫌になっちゃうときある？対処法は？ ／匿名

もちろんある！むしゃくしゃする場合はじっとしていられないので、むしゃくしゃしている理由を突き止めて解決するように努める。それか、世の中と一瞬シャットアウトさせていただく（笑）。

Q.93 ひょんちゃんの生きる活力は？ ／あんり

いまは仕事！将来は自分の家族が生きる活力になってほしいから幸せな結婚がしたい 💖 笑

Q.94 大事な日や気合を入れるときに聴く曲はなんですか？ ／さきみ

特にこれ！っていうのはなくて、そのときにハマっている音楽を聴くかな 🌸

Q.95 死ぬまでに絶対に行きたい国はどこですか？ ／ヨルミン

カナダ。オーロラを見てみたい！

Q.96 1ヶ月のお休みがあったら何をする？ ／くるみ

普段行けないような遠いところに旅行したい！けど、仕事をしていないと不安になっちゃうから、旅行どころじゃなくなりそう 😂（笑）。

食べ物やダイエットのこと

Q.97 ひよんちゃんの韓国での
おすすめの
飲食店知りたいです♡／まりな

> カンガネ ビンデトッ（チヂミ屋さん）、ワガリ ピースンデ（スンデ屋さん）、ミス チョッパル（豚足、ポッサム）。

Q.98 日本食で
一番好きなものは
なんですか？♡／りぉぴこ

> 好きなゴハンがありすぎて一番が選べないのだけど、鮭の西京焼きとか納豆が好き🐟

Q.99 ひよんちゃんの
一番好きな
韓国料理はなんですかー！！／匿名

> スンデ、チョングッチャン。

Q.100 この食べ物がないと
生きていけないってくらい
好きな食べ物！／ゆりか

> 納豆、小籠包、ブロッコリー（最近更新。笑）。

Q.101 ひよんちゃんが
一番好きなアイスは
なんですか？／mashu

> ミニストップのソフトクリーム。

Q.102 ひよんちゃんは
何を食べているときが
一番幸せですか？／かな

> 美味しいゴハンならなんでも🐰🦋

Q.103 ひよん丼はどうやって
思いついたの？／mebae

> ダイエットのためにいろいろ考えた結果たどり着きました（笑）。

Q.104 ひよんちゃんが人生最後の日に
食べたいものは何？／moanao

> オンマが作ってくれる誕生日ゴハン！ひよん好きなものをリクエストしたら全部作ってくれるから！（笑）。

Q.105 朝の顔のむくみとりの
仕方を教えてください。／匿名

> とにかくマッサージ＆リンパを流すこと！あとは肩甲骨をぐるぐる回したり動かしたりして代謝をアップさせる。

Q.106 美容やダイエットを
毎日継続して
頑張れる理由ってなんですか？／おまめ

> 自分の習慣にする。ダイエット！って考えるから辛くなったり、嫌になったりするけど、日々のルーティンにしてしまえば、負担にならず毎回継続できると思う。

Q.107 これだけは絶対にやったほうがいい！
っていうダイエット方法！／ハットグミ

> ひよん丼🐟本当に美味しいから続けられる。

Q.108 ひよんちゃんがやった垢抜ける
方法を教えてください！／みゆ

> トータルバランスを考える。お洒落もメイクもすべてのバランスがとっても大切だと思う。

Q.109 ダイエットの成果が出なくて
やめたくなったとき、ひよんちゃんは
どうしていますか？／匿名

> 可愛い子を見あさる。自分の身体を触って余分なお肉があることを自覚する。鏡で自分の体型の現実を見る。

Q.110 スタイルキープのコツ、教えてほしいです〜。／りな

「自分の身体のラインを常に見て知る。」

Q.111 ダイエット中、どうしても食べたくなったらどうしますか？／にこ

「歯磨きをして気を紛らわせたり、何かに集中して食べ物の存在を頭の中から消す。可愛い人の写真を見る。」

お仕事のこと

Q.112 ひょんちゃんはラジオは好きですか？もし、ラジオのお仕事がきたらしたいですか？／匿名

「ラジオはあまり聴かないけど、話すことが好きだから挑戦してみたい！🐾」

Q.113 お仕事中のスキマ時間に何をすることが多いですか？／はづめろ

「動画編集、SNSチェック、コメント返し、ネットショッピング。」

Q.114 コラボ商品や hiyon などいろいろ楽しませてもらいました♡。次にやりたいこととかありますか？／yu-ki*

「ありがとうございます🐾カラコン、スキンケア、コスメ、プリ機などをプロデュースするのはずっとやりたいと思っている夢なので実現させたい🐾」

Q.115 お仕事をするときに心がけていることはありますか？／ゆりりん

「自分がミスをして周りの方々に迷惑がかからないように注意している。ひょんみたいなお仕事をしていると、スタッフさんたちがいろいろお世話してくださることが多いので、それを当たり前と思わない。自分ができることは自分でする。」

Q.116 お仕事で失敗したり、挫折したときはどうやってやる気やモチベーションを上げていますか？／きょうこ

「言い方がおかしいかもしれないけど、過ぎてしまったことを悔やんでもどうにもならないから、今後同じ失敗をしないようにとダメだった原因、それに対する改善策、自分がやるべき行動を考えて、次の成功に繋げられるようにする。」

Q.117 普段人と接するときに大切にしていることは？／はるこ\♥/

「相手にひょんと一緒にいて違和感や嫌な気持ちにならないように、馴染むようにする。話を長くだらだらしゃべらないようにする（仲よくて心許している人に対しては、どうでもいいことを永遠に話してしまう……笑）。」

Q.118 C CHANNEL クリッパーになったきっかけを教えてください。／モモ

「お友達に誘われたこと。動画を撮ることがまだ流行っていなかった時代なので、撮影するのは恥ずかしかったけど、新しいことができていることに楽しさを感じてました。」

Q.119 ひょんちゃんのコスメブランドを立ち上げるとしたら、どんなコンセプトにしますか？／まろん

「そのコスメを持っていて気分が上がるような、一日の幸せ度をアップさせてくれるようなコスメ！とデイリー使いできて、ポーチに入れておけば何かと助かる🐾ニコイチコスメ🐾（ニコイチって言葉が古いかもしれないけど……笑）。」

Q.120 C CHANNEL でのヘアアレンジはどれくらい練習していますか？／匿名

「ヘアアレンジに関しては昔から好きで小学3年生くらいから自分でやり始めたから、あまり練習しなくてもできました🐾」

可愛い
小物
だーいすき!!

ひよんの好きなもの -雑貨編-

My favorite :
THINGS

可愛い小物で気分をアゲることが多いので、お店で見て
テンションがアガったものは買ってしまうことが多い。
可愛いものって見てるだけでも癒やされるよね♡。

オリジナルデザインのポーチ

このポーチは自分のネームを刺繍してくれる
お店でつくりました。裏面には「Feeyong」と
いう文字をピンクで刺繍してもらっています。

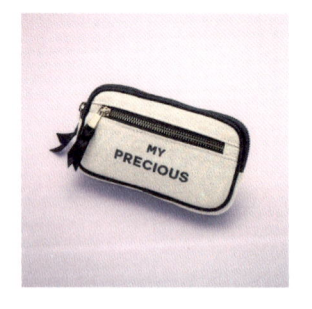

どんどん集まる可愛いノート

文房具屋さんで一目惚れしてしまったノー
トたち。大好きなさくらんぼやハート柄の
他に、韓国っぽいデザインのものも。つい
つい買っちゃうんです♡。

毎日つかうハンカチ

ハンカチはインパクトのある柄だったり、シ
ンプルだったり、テイストは結構バラバラ。
TPOに合わせて使い分けています。

オンマの
手作り♡

お家の食器は
ほぼ手作り

動画でも紹介した
ことがあるけど、お
家で使っている食
器のほとんどはオ
ンマの手作り！こ
のコップは青汁豆
乳ココアを飲むと
きに使っています。

シンプルだけど可愛い要素も♡

スマホ小物はシンプルで使いやすく、それ
でいて可愛い！というのが選ぶ基準。シー
ルを貼ってカスタムすることもあります。

大好きなリップモチーフ♡♡♡

リップモチーフって、どうしてこんなに可愛いんだろう。ポーチやお財布、プッシュピンなど、もうその存在自体が可愛い！

ストレートな韓国語シール

韓国語のシールって、言葉がけっこうストレートで面白いんです。その言葉を見てくすっと笑えたり（笑）。お土産にもぴったりですよね。

ポストカード&封筒

ポストカードや封筒は、韓国に行ったら絶対買っちゃうシリーズ。お家に何枚あるか分かりません（笑）。

クリップ&マグネット

ヘアクリップやマグネットもやっぱり韓国語モチーフ。ヘアアレンジで使うことはないけれど、お家で使っているよ♡。

ビューティー小物

手鏡やヘアピンの他、「チョコ」ちゃんモチーフの歯ブラシケース。このケースは殺菌・脱臭をしてくれて、歯ブラシがいつでも清潔♡。

愛らしいマスコット

キーチェーンに付けているうさぎのマスコットや、絵文字のポーチなどふわふわで手触りのいいマスコットも大好き。

ハッピーな文房具

ハートやリップモチーフ、フラミンゴなどハッピー感のあるデザインの文具類に目がいっちゃうな〜！こういう文房具って小学生くらいから好みが変わっていないかもしれないです（笑）。

Feeyong
MAKE BOOK

Chapter

5

#垢抜け目指すならまずはここから

" ひよんが
♥ ♥ ♥ ♥ ♥
垢抜けた理由 "

大学4年生くらいから、ゆるっと始めていたダイエット。
目に見える成果も出てきて、
みんなの「可愛い」という言葉をモチベーションに今も続けています。
そんなひよんが垢抜けた理由と、
日々のルーティンや気をつけていることを
交えながらご紹介します♡。

Feeyong
MAKE
BOOK
/

P.094

ひよんが 9kg 痩せたワケ

P.096

STEP.1 / MORNING ROUTINE

P.097

STEP.2 / NIGHT ROUTINE

P.098

STEP.3 / STRENGTH TRAINING

P.099

STEP.4 / MASSAGE

P.100

STEP.5 / HEALTHY MEAL

P.102

STEP.6 / SPECIAL CARE

P.103

SPECIAL INTERVIEW

ひょんが 9kg 痩せたワケ

子どもの頃からむちむち体型だったひょんが、
9kg 痩せた長期戦ダイエットのすべてをご紹介します♡。

BEFORE

CHECK 01

『 子ども時代は意外と
ぽっちゃり!? 』

実は子どもの頃から大学生まで、けっこうぽっちゃり体型だったんです。中学時代はバレーボール部、高校時代は新体操と脚を使うスポーツをしていたので脚にはがっつり筋肉が……。お菓子もジュースも大好きだし、オンマの料理も美味しくて、ついつい食べてしまうから全身にお肉がついていたんです。このままではいけない！！と思い、大学4年生から無理をしないダイエットを始めて、約6年かけて9kgの減量に成功しました。

チュチュを
着てご機嫌♡

大学生の頃から
お洒落は
大好き♡

CHECK 02

『 メイクもヘアも今より
ゴテゴテだった 』

高校の校則がすごく厳しくて、メイクはもちろん髪を染めるのもNGだったんです。その反動で大学時代はすごく明るい髪色が多かった。C CHANNELのクリッパーとして活動し始めたときも、今と比べると髪色が明るいんですよ。お仕事で髪色をダークトーンにしたときに周りの反応が意外とよくて、最初は嫌だったんですけど、ひょん自身も「大人っぽくて可愛いじゃん！」って思い始めて(笑)。それから今の髪色に落ち着きました！

大学時代から
26歳くらいまで
髪色は明るめ
でした……

自分のペースで身体改革！
ストレスフリーで美ボディをGET！

自分の理想体型に
なるまでまだまだ
頑張ります♡

FRONT

約6年という長期戦でしたが、続けられたのは自分に厳しすぎない方法をとったからだと思っています。甘いものはダメ！と決めたらそれがストレスになって、いつか爆発してしまうだろうなと思ったんです。なので、食べすぎたら翌日は控えるとか、今日は疲れたから筋トレはしないけど、その分マッサージはしようみたいな、自分を少し甘やかすくらいがひよんには合っていたのかも。人それぞれだと思うけど、いろんなことを我慢してストレスを溜め込むよりは、気長にゆるっと続けるのが一番いい方法だと思います♡。

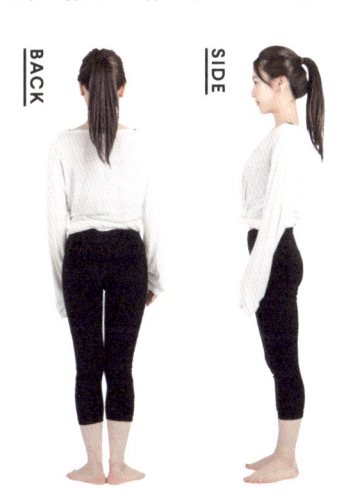

BACK　**SIDE**

NOW

ひよん流ダイエットのモットー

FEEYONG'S STYLE

1　無理な制限をかけない
短期間ダイエットは結果が出ないときにストレスになるから、"自分のペースでゆっくり痩せる"を目標に。

2　"なるべく"がキーワード
筋トレやマッサージ、食事制限も本当は毎日徹底したほうがいいけど、"なるべく"をモットーにして、できる時間にしっかりやるようにしています。

3　鏡で全身チェックは必須！
自分がどの部分を痩せたいのか、どこに効果が出ているのかが目で分かるように、鏡での全身チェックは欠かせません。毎朝必ずやっています。

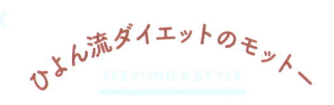

FEEYONG'S DATA

♥ 身長 ····· 155cm		♥ バスト ········· 81cm
♥ 体重 ····· 43kg		♥ ウエスト ···· 60cm
		♥ ヒップ ········· 83cm

ひよんが毎日していること

モーニングルーティンとナイトルーティン、
そしてその時間に欠かせないアイテムを大公開♡。

STEP.1　MORNIG ROUTINE

8:00　起床

『みんなおはよ〜♡。ひよんが起きる時間は割と早くて、8時くらいには起きるようにしています。せっかちな性格なのでダラダラするのが実は苦手で……。一日の活動時間って限られているから、ひよんは朝から活動したい派です。朝起きたら陽の光を浴びて身体を起こし、ベッドメイクからスタート。』

ZZZZ……

＼ 起きたらすることは？ ／

♥ カーテンを開けて陽の光を浴びる

♥ 水で 30 回の洗顔

♥ 脚を軽くマッサージ

♥ 保湿＆朝パック

9:00　朝ごはんを食べる

『時間があるときは「ひよん丼」を食べて、時間がないときは「青汁豆乳ココア」を飲むようにしています。ひよん丼は動画で紹介しているものからパワーアップ！ もちろんオンマ特製のタレをかけて食べるバージョンも大好き♡。あのタレは本当に万能！！』

時間がない時は「青汁豆乳ココア」を飲みます！

時間がある時は「ひよん丼」

モーニングルーティンに欠かせないアイテムは？

FEEYONG'S MORNING ITEM

青汁豆乳ココアにも入っているサンイズシャイニングという青汁パウダーと、ターメリックパウダー。オーガニック スーパーグリーンズ、オーガニック ターメリックパウダー／ともに Sunfood SUPERFOODS

朝パックは、もちもちのお肌にしてくれる毛穴撫子のパック。さっぱりなのに保湿を程よくしてくれます。お米のマスク／毛穴撫子

19:00　帰宅後は寝る準備を しながら リラックスモードへ

帰宅後にまずやることは、朝セットした洗濯物がしっかり乾いているかのチェックから。そのあとは手洗いうがいをして、お部屋の掃除をスタート。髪の毛とかが落ちているのが嫌なので結構念入りにやります。晩ごはんがまだだったらひよん丼を食べたり、青汁豆乳ココアで済ませたり。外食をしてきたら、歯磨き、クレンジング、お風呂の順で済ませます。

\ 帰宅後にすることは？ /

- ♥ 洗濯物のチェック
- ♥ ゆっくりバスタイム
- ♥ 夜パック
- ♥ 筋トレ＆マッサージ

21:00　筋トレ＆ マッサージで 明日に備える

時間があるときはじっくりマッサージと筋トレをします。脚のマッサージは高校生の頃から続けていて、脚がプルプルになるまで入念にほぐしています。速攻効果が出る！というわけではないけど、本当に続けるのが大事！ 痩せ体質ってすぐに出来るわけではないけど、今の頑張りが何ヶ月か後には徐々に出てくるので、じっくり時間をかけて頑張りましょ♡。

次のページで
筋トレ＆マッサージ
を詳しく紹介するよ

夜のルーティンに欠かせないアイテムは？
FEEYONG'S NIGHT ITEM

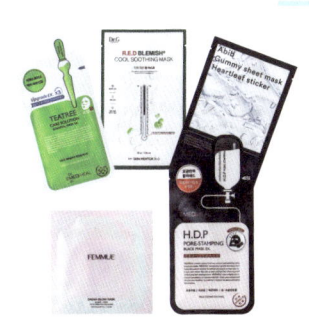

お風呂のあとはパックが欠かせない。このひと手間が翌日のぷるぷる肌をつくってくれるし、一日中メイクをしていた肌を労わる時間って本当に重要。ひよんは韓国で購入したパックを、その日の肌の調子に合わせて使っているよ。

脚のマッサージをするときは、TBCのレッグフィットクリームを愛用♡。これを塗ってマッサージをすると脚がだんだんポカポカしてくるよ。レッグフィットクリーム／TBC

ピーチジョンのバスト用とヒップ用の専用クリーム♡。パッケージは限定版です。ボムバストクリーム、ヒップルン薬用ホワイトクリーム／ともにPJ BEAUTY

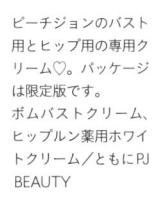

キズ痕やニキビ痕を保湿するスキンケアオイル。乾燥した肌をしっかり保湿したいときに使っています。バイオイル／小林製薬

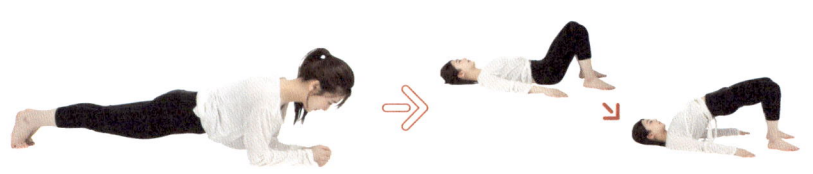

1 とりあえず体幹

インナーマッスルを刺激してくれる「体幹トレーニング」。足と腕の4点で身体を支え、身体が床と平行になるように意識しながら1分間キープ。頭は起こさずに床を見つめると効果的。これを2セット行います。

2 美尻への近道運動

きゅっと上がったお尻を目指すなら「ヒップリフト」が最適。脚を曲げて仰向けに寝たら、肩は床につけたままお尻をグッと上げる。20回上げ下げしたらお尻を上げた状態で10秒間キープ。これも2セット行います。

連続して
上下の運動も
するよ♡

3 省エネ腹筋

床に寝転がり、手のひらを頭の後ろで組む。脚やお尻が上がらないように注意しながら、おへそを見るように肩くらいまでを持ち上げる。この動作を20回×2セット行います。ゆっくり腹筋に負荷をかけていくと◎。

4 内もも引き締まれ運動

内ももと腹筋を同時に引き締められる「脚パカ運動」。お尻を支点にするように上体と脚を床から浮かし、脚を肩幅くらいに開いたらクロスさせるという運動を30回×2セット。その後、上下に脚をバタバタさせるのを30回×2セット。

5 プルプル二の腕撃退運動

腕と脚で身体を支え、お尻をグッと持ち上げて上の写真のような姿勢に。この状態から腕立て伏せをするようなイメージで肘の曲げ伸ばしを20回×2セット。このときにお腹にも力を入れるのがポイントです。

6 あざらし風横腹筋運動

横向きに寝転がり、腕をついて上体を起こす。両脚を床から少し浮かせて上側の脚を上下に動かす運動を20回。連続して反対側も20回行い、左右2セット。このときにつま先までピンと真っ直ぐになることを意識しましょう。

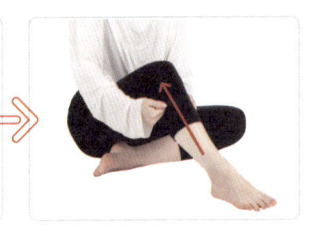

1 足の裏を指圧してリンパを流す。手をグーにしてつま先からかかとへ向かってぎゅーっと押し流すなど、とにかく足裏マッサージは念入りに。

2 足の甲のリンパを流す。手をグーにしてつま先から足首までゆっくりリンパを流していく。強く押しすぎないように注意しましょう。

3 ふくらはぎの左右を拳で挟み、足首から膝までぎゅーっと圧をかけていく。30〜40往復くらい行います。痛気持ちいいくらいがベスト。

4 ふくらはぎを揉みほぐす。ゆっくり丁寧に、足首付近から膝周りに向かって揉んでいきます。固まったお肉が柔らかくなるようにほぐしていきます。

5 手をグーにして、膝から脚の付け根に向かってリンパを流す。両手を使ってスピーディーに30〜40回行います。

6 次に、太ももの外側のリンパを流す。その後、太もものお肉をつまんでセルライトをつぶします。最初は痛いけど慣れたら、痛みも薄れてきます。

7 体育座りをしたら、ふくらはぎを両手で持ち左右に振って脚をほぐす。脚は力を入れずにリラックスした状態で。

8 手を使わずに足首をぐるんと回す。足首を回すことで脚の歪みが調整され、血流改善にもつながるので気づいたときにやるのも◎。

脚がプルプルになるまでマッサージすると細くなりやすくなるよ！

美味しいのに満腹感あり 最新版「ひよん丼」

材料（1人前）

- ♥ 冷凍ブロッコリー ………… 約 1/2 袋(70g)
- ♥ 鯖の味噌煮（缶詰） ……… 1/2 缶
- ♥ プチトマト ………………… 5 個
- ♥ アボカド ………………… 1/2 個
- ♥ 納豆 ……………………… 1 パック

作り方

1. 耐熱容器にブロッコリーを入れ、
   600W のレンジで 3～4 分ほど加熱し解凍する。
   ブロッコリーの粗熱が取れたら、
   キッチンペーパーで水気をふき取る。

2. プチトマト、サイコロ状にしたアボカド、
   よく混ぜた納豆、
   鯖の味噌煮を **1** に加えたら完成！

今まではお豆腐を入れていたけど、それもカ
ロリーが気になってきたので最近はブロッコ
リーに変えています。ブロッコリーは美肌を
つくるのに欠かせない食材なので、たっぷり
食べちゃいましょう♡

yummy!

これだけで
お腹いっぱいに
なるよ♡

朝に飲みたいほっとする味 **青汁豆乳ココア**

材料（1人前）

- ♥ 青汁パウダー …………… 小さじ1
- ♥ 有機ココア …………… 小さじ1
- ♥ オリゴ糖 …………… 小さじ1
- ♥ 無調整豆乳 …………… 250〜300ml

作り方

1. マグカップに青汁パウダー、
   有機ココア、
   オリゴ糖を入れてスプーンで練り混ぜる。
2. 豆乳を少し加え、600Wのレンジで
   40秒ほど加熱し、粉類が
   すべて溶けるようによく混ぜる。
3. 豆乳をすべて入れ、600Wのレンジで
   2分ほど加熱し、よく混ぜたら完成。

✕ FEEYONG'S POINT

青汁豆乳ココアは、朝ごはんを食べる時間がないときや、前日食べすぎてしまったなぁという日の朝ごはんとしてよく飲んでいます。YouTubeでも紹介しているけど、オリゴ糖は「てんさいオリゴ」というものがお気に入りです。

サラサラヘアになるために

ベタつかないオイルタイプなので、寝る前に髪につけたり、スタイリングに使ったりと万能です。特に今使っているものは髪質にも合っているようでサラサラになります♡ **a.** パーフェクトセラム オリジナル／ miseenscene、**b.** モロッカンオイルトリートメント ライト／クレイツ、**c.** フリッズビーゴーン スムージング ヘアセラム／ giovanni

お気に入りのスキンケア

透明感のある肌をつくるには、日々の肌ケアが重要。部位ごとに合ったクリームを使ってしっかりケアしていきます。角質除去ができて、保湿もできるタイプがお気に入り。**d.** フラワーインフューズド ファインピール／ FEMMUE、**e.** グリーンクレイペースト／ ARGITAL、**f.** ボムバストクリーム プレミアム ミニ／ PJ BEAUTY

ニキビもしっかりケア

韓国ではメジャーなニキビパッチ。ニキビ痕が残っているとそれだけで気分が落ち込むので早めのケアが大事！ ニキビパッチは韓国に行ったら絶対買っちゃいます。**g.** ケアプラス ケアプラスマヌカハニー、**h.** ケアプラス スポットパッチ／ともに OLIVE YOUNG、**i.** アクロパス エイシーケア プラス、**j.** アクロパス マイクロニードルパッチ／ともに acropass

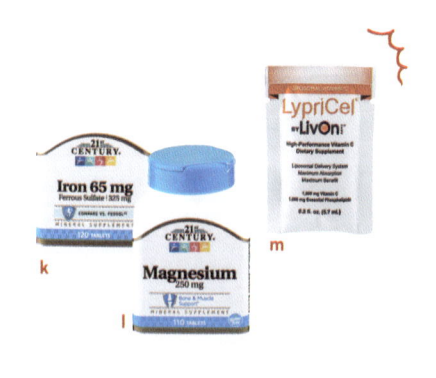

足りない要素はサプリで

日々の食事だけですべての栄養素を補うのは難しいので、サプリを飲むようにしています。鉄分、マグネシウム、ビタミンは欠かせません。サプリは自分の身体に合う合わないがあるので、自分に合ったものを見つけてね♡。**k.** 鉄 65mg、**l.** マグネシウム 250mg ／ともに 21st Century、**m.** リポソールビタミンC ／ LypriCel

可愛い自分になるための意識づくり

可愛い自分になるために、ひよんがしているダイエットやメイクのこと。
そして YouTube を始めたきっかけなど過去を振り返ってお話しします♡。

子どもの頃からメイク大好き！
いつでも可愛くありたかった幼少期

——メイクに興味をもったのはいつ頃ですか？

幼稚園の頃からメイクやファッションに興味津々だったみたいで、オンマの口紅を塗ってみたりパーマをかけてみたり、小さい頃から女の子！って感じでした。可愛くなりたい！という意識はその頃から変わらないです。

——中高生の頃はどうでしたか？

雑誌を見てメイクの勉強はしていたのですが、中高生の頃は運動部に所属していたし校則も厳しかったので実践するまでには至らなかったです。あと、オンマがあと、オンマが「眉毛を剃ったら両津勘吉みたいな眉毛にするよ」ってひよんにずっと言っていて、それが嫌すぎて剃らなかった。今考えると、その言葉をずっと信じて剃らなかった当時のひよんを褒めてあげたいし、そう言ってくれたオンマにも感謝してます。

——自宅でこっそりメイクしたりとかは？

中学生のときに100均でアイライナーを初めて買ったんですけど、目の下に少しラインを入れると顔が盛れるのに気づいて。今考えるとありえないけど、寝る前に描いたりとかしてました。オンマにバレると怒られるから薄くですけど（笑）。当時はクレンジングも知らないし、色素沈着の概念もなかったので描いているうちに色が染み込んで可愛い顔になれると思っていたんです。みんなは絶対に真似しちゃダメですよ！

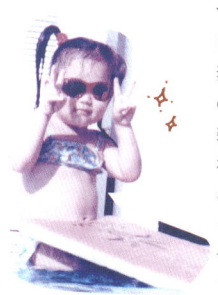

——YouTubeでもオンマの話が出てきたりしますが、本当に仲よしですよね。

すっごく仲良しです！ 兄弟の中で女の子が私1人なので、オンマとは友達みたいな感じです。一緒にショッピングをしたり、最近はコスメをオンマに教えてあげたりも。オンマはコスメにあまり詳しくないのですが、その割にこだわりは強くて（笑）。私もこだわりが強いので、やっぱり親子だな〜って思います。でもスキンケアはすごく詳しくて、スキンケアはオンマから情報収集しています。

今までの我慢が爆発！？
メイクも髪もゴテゴテだった大学時代

——メイクは大学生になってから？

今までできなかった分、髪色はずっと金髪でメイクはとにかくやれるものを全部やるって感じでした。マツエク120本くらいつけて、アイシャドウパレットも全色使って、チークもがっつり入れて。最近はトータルのバランスを見て引き算メイクをしているのですが、当時はすべて濃かったですね。今振り返ると、よくあの姿で外を歩けたなって思います。

——撮影のとき、まつ毛がすごく綺麗だなと思ったのですが今はマツエクをしていないんですよね。

そうなんです。広告のお仕事をさせていただいたときに、マツエクを外すことになって。今まではマツエクにこだわっていたけど、いざ外してみるとメイクの幅が広がったんですよ。すっぴん風メイクもできるし、まつ毛を上げればしっかりメイクもできる。自然に大人っぽさも出るので、今はマツエクがない方がメイクをしやすいです。

──引き算メイクをしたり、マツエクを外したり、C CHANNELで動画をアップし始めた頃と比べるとメイクがぐっと大人っぽくなりましたよね。

C CHANNELのクリッパーを始めた頃は、ピンク系のメイクをすることが多かったのですが、今はコーラルやブラウン、テラコッタ、ピンクベージュなど大人っぽいカラーに移行しています。トレンドもありますが、自分に合う色って年齢によって変わってくると思うので、今の自分が一番可愛く見えるカラーやメイクの仕方を考えるのも楽しみのひとつです。

──髪色も金髪のイメージでしたが最近はブラウン系で大人な雰囲気ですね。

ずっと金髪だったんですけど、お仕事の関係で髪色をダークトーンにしたんです。最初は嫌でしたが意外と周りからの反応がよくて。そのうち自分でもいいじゃん！って思えてきたんです。メイクも大人っぽくできるし、似合うコスメのカラーが増えた感じはあります。

長期的にゆるっとダイエット！
ストレスなく健康的な身体へ

──今回の書籍にはメイクだけでなくダイエットのことも掲載していますが、ダイエットを始めようと思ったきっかけは何ですか？

実は子どもの頃からむちむち体型だったんです。常に体型は気にしていましたが、行動にはなかなか移せずにいたんです。でも、C CHANNELのクリッパーとして活動を始めて動画や写真を撮ってもらう機会が増えて。自分の姿をモニターを通して見たときに「私ってやっぱり太ってるんだ」って改めて気づいたんです。C CHANNELは基本的に上半身だけが映る動画だったんですけど、メイクだけではなくファッション

もやろうということになって。今まで上半身で完結していたのが、ファッションだと全身が映るじゃないですか。そこで「このままじゃヤバイ！！」と思ったんです。

──ファッション企画を始めたときに、痩せなきゃ！というスイッチが入ったんですね。

C CHANNELでファッション系を撮り始めたのが約3年前なんですけど、実は大学4年生くらいからゆるっとダイエットは始めていたんです。YouTubeに当時の写真も載せていますけど、大学時代が人生最大に太っていたんです（笑）。その頃から比べて9kgの減量に成功しているので、急激に体重を落としたというよりは、ゆるっと健康的に痩せたという感じです。

──ひょんちゃんは食べるのが好きとのことですが、ダイエットを始めて食生活を変えたときに辛かったことはありますか？

私の性格上、ストレスが溜まるともっと食べてしまうから、辛くならないように工夫はしていました。炭水化物は極力摂らないようにしているのですが、ひょん丼に使っている食材は、ひょんがもともと好きなものを使っているんですよ。なので、そこまで食べられなくて辛い！と思ったことはないですね。大好きなチョコレートも、絶対に食べない！と決めるのではなく、食べるなら日中にするなど自分の中でルールを設けていました。我慢ばかりだと途中で嫌になっちゃうのが目に見えていたので（笑）。

──YouTubeで脚をプルプルになるまでマッサージすると言っていますが、マッサージはいつ頃から行っていますか？

高校生の頃からマッサージは続けています。夕方になると脚がむくむってよく言うじゃないですか。そのむくみを放置すると脚がカチカチになって痩せにくい体質になるんです。特に大学生になって運動をしなくなってからは、筋肉が脂肪に変わってしまうと思い、マッサージを入念にするようになりました。今は立っているときも座っているときも、気づいたら脚をトントンと叩いて刺激を与えるようにしています。一日でむくみは取れないので、継続するのが本当に大事！

──約6年ほどかけてダイエットをしていますが、リバウンドしたことはありましたか？

マネージャーさん曰く、ひょんは痩せて太っての波が結構あるみたいで。一番酷かったのは4〜5kgのリバウンドですね。ダイエット成功したから食べちゃえ！って感じで、友人と新大久保でタッカンマリを食べて、

屋台でも食べて、最後は夜中の12時にチーズホットックを食べて（笑）。43kgまで落としたのに、48kgまでリバウンドしました。そのリバウンドがあったから、我慢ばかりじゃだめだなって思うのかもしれないです。今は43kg台をキープするようにしています。

——ダイエットをするうえで大事にしていたことはなんですか？

ストレスを溜め込むのが一番よくないと思うので、無理をしないこと、バランスを考えることですね。例えば、暴食したとしてもすぐに体型に変化が出るわけではないですよね。翌日の食事を調整したり、運動したりすれば急激に太るということはないと思うので、バランスをとるのが大事だなと思っています。あとは可愛くなりたいという気持ちを常に持つこと。そう考えるだけで自然と行動に表れるのかなと思っています。体重計に乗ったり鏡で自分の体型をチェックしたり、現実を受け入れるのも大事です。

——痩せたことでファッションやメイクは変わりましたか？

ファッションはすごく変わったと思います。昔は体型をカバーするためにワイドパンツばかりでしたが、今はスキニーパンツを穿く回数が増えました。ミニスカートもニーハイを合わせたら穿けるようになったし、自分の身体に自信がつくとファッションの幅って広がるんだなって改めて思います。メイクは痩せたから変わったという部分はないです。

——次に、お仕事について伺います。C CHANNELや

2019年は喋るお仕事が増えたなって思います。芸人さんと一緒に地方営業に行ってプチMCをしたり。そのおかげか喋る速さや伝えたいことを簡潔に話す技術が上がったような気がします。なので最近の動画は最初の頃に比べると長めのものも増えてきているんです。編集するときにカットするところがあまり見つからないというか、全部伝えたい！ってなってるんです（笑）。1人で話す分にはスラスラ言葉が出てくるようになったんですけど、コラボやMCなどでの言葉の掛け合いは慣れない部分が多いので、そこはこれからの課題かなと思っています。

——YouTubeやインスタなどのコメントチェックはしていますか？

最初の頃は見ているだけでコメント返しはしていなかったのですが、最近はファンの方とコミュニケーションが取れる大事なツールだと思っています。こういう反応があったから次はこんな企画をやろうとか、ここを指摘されたから頑張ろうとか。私やスタッフでも気づかない部分をしっかり見てくれているので、本当にありがたいなって思います。今回の書籍出版にあたり、私への質問を募集したら本当に多くの方からいただいて、すべてに答えることはできなかったけど、全部読ませていただきました。

——ファンの皆さんへ一言お願いします。

ひよんの初めての書籍を買ってくれて本当にありがとう。可愛くありたいって女の子なら誰しも思うことだけど、日々意識するかそうではないかで行動は変わってくると思うんです。ひよんは可愛くなりたいからダイエットをするし、メイクをする。マッサージを続けたり、気づいたときに運動をするというのも可愛くなりたいという気持ちが強いからです。でも最初にハードルを高く設定するとあとで疲れてしまうから、ひよんと一緒にゆるっとダイエットだったり、可愛い自分になれるメイクやファッションを探していきましょ♡。

お喋りが大好きだから
ひよんにとって動画は天職

YouTubeを始めて大変だったことはありましたか？

撮影も編集作業も好きなので、辛いことよりも楽しいことのほうが勝っているような気がします。強いて言えば表現方法。コスメのテクスチャーって感覚的な部分があるんですけど、動画を見ている方は実際に触ったりできないので、それを分かりやすく伝えるにはどうすればいいんだろうって最初の頃は悩みました。でも、お喋りは好きだし自分の素を出せるので、YouTuberというお仕事は性に合っていると思っています。

——最近はコラボやMC的なお仕事も増えたとか。

いつでも
いい香りに
包まれたい♡

ひよんの好きなもの - 香り編 -

My favorite :
THINGS

香りって内側から女の子らしくしてくれるものだと思う。
いい香りに包まれるだけで、前向きになれたり、いつもより可愛くなれたり。
香りものが大好きなひよんの、お気に入りの香水たちをご紹介します♡。

日によって使い分ける大好きな香り

ジョー マローンの香水は、お家にある香りもの
の中で一番のお気に入り。それぞれ違う香りで、
その日の気分によってつけるものを替えていま
す。ピンクのボトルは冬限定のシルク ブロッサ
ム。ひよんは限定品に弱いのでこういう季節もの
は必ずチェックしちゃいます。シックな雰囲気の
ボトルもお洒落♡。

心安らぐ
フローラルな香り

夏に使いたい爽やかな香り

ジバンシィとグッチの香水は、爽やかさの中に女性らし
いほのかな甘みも感じられて優しく香るところがお気に
入り。甘めの香りも好きだけど夏って少しさっぱりめの
ほうが丁度いいからこの2つを使うことが多いです。

お花の香りがするボディクリーム

この2つは夜のルーティンでも使っている、バストクリー
ムとヒップ専用クリーム。就寝前はバスト＆ヒップケアを
するのですが、心地よい香りに包まれて気持ちがリラック
スしていくのが分かります。これも限定パッケージ♡。

いい匂いと言われる率 No.1

エルメスの「ツイリー ドゥ エルメス」は、いい匂いだね〜！と言われることが多くて、自分自身も気に入っている香り。ピンクのチューブはボディクリーム。冬はハンドクリームとして使っています。

フルーティーで大人な香り

最近購入したディオールの「JASMIN DES ANGES」はフルーティーだけど甘すぎない、大人っぽい香り。パッケージはシンプルだけど高級感があって"飾らない女性"という感じがしますよね。そんな雰囲気も好き。

ラブリーなパッケージに一目惚れ

この2つは香りもいいけど、まずパッケージの可愛さに目を奪われてしまいました。左側のディオールの香水はボトルの部分にリボンがついていて、右側のミュウミュウの香水はボトルのミルキーカラーが絶妙です♡。

自分のイメージに合わせたオリジナルの香り

この2つの香水は、世界で1つしかないオリジナル。右は韓国で、左はタイでつくりました。自分だけのオリジナルの香水って、ただそれだけでテンションがアガりますよね。日本でもつくれる所があるみたいなので、みんなもオリジナル香水をつくってみてね♡。

お手軽に使えるシリーズ

持ち運びに便利なコンパクトサイズの香水もいろいろ持っていて、その中でもお気に入りなのがこの4つ。旅行に持っていくこともあれば、普段使いするものもあります。カバンに入れておいて、少し気分が落ち込んだときにシュッと振りかければそれだけで癒やしに。

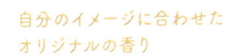

Feeyong
MAKE BOOK

Chapter
6

ササッとできるクイックヘアアレンジ

"ヘアアレンジ テクニック"

サラサラのストレートも好きだけど、
ファッションに合わせてヘアスタイルも
変えていきたいですよね！ 自己流だけど簡単にできる、
ひよんのヘアアレンジテクニックをご紹介♡。
雰囲気をガラッと変えてくれるアレンジ＆巻き方を
ピックアップしたので参考にしてみてね。

P.110
基本のヨシン巻き

P.112
簡単ゴールドピンアレンジ

P.114
あえての手抜きハーフアップ

P.116
韓国ヨジャ風お団子ヘア

P.118
真のおしゃポニー

P.120
ゆるふわボリューム巻き

P.122
花かんむりハーフアップ

P.124
くるりんたまねぎツインテール

P.126
Feeyong's Favorite HAIR-ACCESSORIES

韓国っぽヘアが叶う！

基本のヨシン巻き

前髪と顔周りの緩やかなカールが
上品さと可憐さを引き出してくれるヨシン巻き。
髪全体にカールをつけると
ヘアアレンジもしやすくなり、
可愛いヘアスタイルが楽しめます。

01

32mmのヘアアイロンを170度に温め、髪全体の毛先をワンカールさせる。毛束は多めにとって毛束の流れを揃えるのがポイント。

02

前髪をセンター分けにし、根元にヘアアイロンを当てて緩やかなカールをつける。サイドの髪を少しだけ巻き込むと馴染みやすい。

03

カールがついたら熱が冷めるまで手で持ち上げて形をキープ。ヘアアイロンを当てる時間が長いとカールが強く出すぎるので注意。

04

サイドと馴染むように前髪を巻き込みながらゆるく巻いていく。前髪が後ろに流れるようなイメージでカールをつけていきます。

05

顔周りの毛束をとり、頬骨より下にカールをつけていく。カールはほぐさずにクセをつける。

06

後頭部はサイドよりも毛束を多めにとり、髪の中間部分からカールをつけていく。トップから巻くとやりすぎ感が出るのでNG。

07

顔周りの内側の髪のみ巻いていく。ハチにボリュームが足りない場合は巻き足してもOK。

Feeyong's Point

髪の内側すべてを巻くとボリュームが出すぎてしまうので、巻くのは表面と顔周りだけに。

#2

不器用さんでも簡単＆お洒落

簡単 ゴールドピンアレンジ

ヘアアレンジが苦手！ という方におすすめしたい、
サクッとできるお洒落アレンジ。シンプルなのに凝った印象を与え、
顔周りもすっきりするので自然と明るい表情に。

[　基本のヨシン巻きをアレンジ　]

01

前髪をサイドに流し、根元からふんわりとしたボリュームが出るようにピンで留める。後れ毛や顔周りの髪を少し残しておくと小顔に見える。

02

2本のヘアピンを交差させ、バッテンになるように留める。普通に留めるよりも可愛い♡。

03

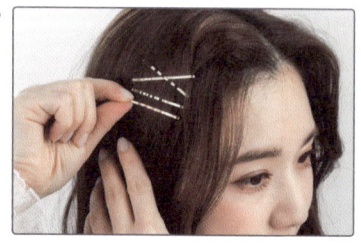

バッテンに留めた下にはヘアピン2本を平行にさしてアクセントに。平行に留めるとポップさが軽減されてどことなく上品な雰囲気に。

04

反対側の前髪もボリュームが出るようにピンで固定する。こちらはピン3本を平行に留め、アシンメトリーにすることでお洒落さを演出します。

[基本のヨシン巻きをアレンジ]

01

トップを手ぐしでざっくりまとめたら、高めの位置でハーフアップをつくる。

Point

サイドから見たときに分け目がジグザグになっているとより可愛い♡

02

ハーフアップをつくったら、毛束を指に巻きつける。髪が短い場合はヘアゴムで結んでもOK◎。

03

毛束から指を抜き、手でぐしゃっと掴んだらヘアゴムでラフに結ぶ。

04
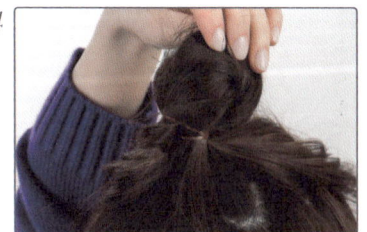

きっちり結ぶよりも力の抜けたゆるめな感じに結ぶのが可愛くなるポイント。

05

毛束を少しずつランダムに引き出し、ニュアンスをつけていきます。

06
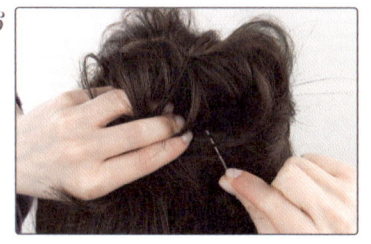

お団子がふんわりしたら、ヘアピンで後れ毛を何箇所か固定する。

手抜き感を出しているけど、形はきっちり可愛くつくる!

#3

脱力感がオトナ可愛い

あえての 手抜きハーフアップ

ざっくりまとめただけなのに、
お洒落な印象を与えるお団子ハーフアップ。
ササッと結びましたくらいのラフさで
ニュアンスのあるヘアスタイルが、
今っぽくてキュート。

#4

ゆるさと品を兼ね備えた

韓国ヨシャ風お団子ヘア

くるくるっと毛先を巻きつけ、ゆるさがあるのに品もあるのが韓国風のお団子ヘア。無造作なのにいい女風なヘアスタイルが完成します。

[基本のヨシン巻きをアレンジ]

01

手ぐしで髪をトップに持っていき、高い位置でポニーテールにする。

02
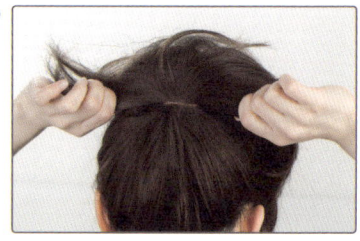
まとめた髪の内側部分を左右にキュッと引っ張り、結び目をきつくする。

03
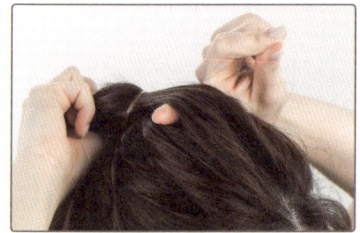
トップに指一本を差し込み、髪を少し引き出す。ランダムに引き出すのではなくトップのみでOK。

04

耳上の髪を少し引き出し、耳に少しかかるように調整する。

05

結んだ根元のボリュームを残しながら、ポニーテールの毛先を少しねじる。

06

ポニーテールの根元に髪を巻きつけ、ふんわりとしたお団子をつくる。

07
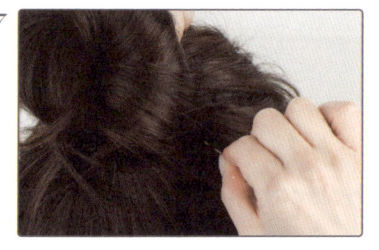
お団子のふんわり感を崩さないように注意しながらヘアピンで固定する。

Feeyong's Point

トップの髪を引き出すときは、頭の形が綺麗な山型になるのを意識すると◎。

[基本のヨシン巻きをアレンジ]

01

低い位置で髪をまとめる。まとめるときはざっくり手ぐしで。

02

毛束をランダムに引き出し、トップにボリュームを出す。

03

耳上の髪を少し引き出し、耳にかぶせる。

04

ヘアゴムでランダムに結んでいく。

05

ボリュームが出るように、ランダムに毛束を引き出していく。

06

左右だけでなく、360度バランスを見て引き出すと可愛く仕上がるよ♡。

#5

ひと工夫で劇的可愛い

真のおしゃポニー

ポニーテールに少し手を加える
だけなのに、一気にお洒落に
見えるアレンジ術。
動きのあるポニーテールは
カジュアルだけど女っぽさを
持ち合わせた絶妙なバランス。

#6

いい女度UP

ゆるふわボリューム巻き

ヨシン巻きよりも細いヘアアイロンを
使い、髪全体にボリュームを出すことで
ゴージャスさが倍増。細めのカールを
つけているのでさらにアレンジがしやすい
ヘアに仕上がります。

01

18mmのヘアアイロンを170度に温め、毛先を
内巻きにワンカールさせていく。ヨシン巻きと同
様に毛束は多めに。

02

毛束を多めにとり、髪の中心から挟んで外巻きに
ワンカール。

03

ひと巻きしたらヘアアイロンをくるっと外し、巻い
たら外すを繰り返し、髪全体にゆるやかなカールを
つけていく。

04

巻いたら外すを繰り返すと、写真のようにくるん
とひとまとまりになります。

05

巻いたらすぐにほぐして、カールがつきすぎない
ように調整しましょう。

06

顔に近い内側の髪はボリュームアップさせるため
に外巻きでカールを強めにつける。

07

ハチの部分に巻きを足していく。巻きが足らない
部分も追加で巻いてOK。

08

サイドの髪を少し巻き込みながら前髪を外巻きで
ワンカールし、サイドに流す。

［　ゆるふわボリューム巻きをアレンジ　］

01

サイドの髪を少量とり、ロープ編みをする。

02

編み終わりを手で押さえたまま毛束を細かく引き出す。

03

後頭部の中心あたりまで髪を持っていき、ヘアピンが髪に隠れるように留める。

04

最初に編んだ位置より少し下の部分もロープ編みをし、毛束を引き出したら後頭部の同じ位置で留める。

05

2段目のロープ編みは少したるませると可愛く仕上がります。

Side

06

ヘアピンを隠すようにバレッタで固定する。大きめのバレッタを使うのがおすすめ。

ロープ編みだけで簡単に可愛くできるからみんなも試してみてね♡

#7

可憐な雰囲気を醸し出す

花かんむりハーフアップ

三つ編みができない！という方でも
簡単にチャレンジできる、
花かんむり風ハーフアップ。
デートなどにもぴったりな、
程よく色っぽいフェミニンアレンジです。

#8

愛らしさがはじける♡

くるりんたまねぎ ツインテール

スタンダードなツインテールをちょっぴりアレンジして、
いつもとは違うおしゃツインテールに。
動きのある毛先のワンカールが抜け感のある雰囲気を醸してくれます。

[ゆるふわボリューム巻きをアレンジ]

01

耳の下でゆるく二つ結びにし、くるりんぱをする。

02

耳の後ろの毛束を引き出し、くるりんぱをした部
分にボリュームを出す。

03

くるりんぱをした部分から少し下をヘアゴムで結
び、毛束を引き出してたまねぎアレンジをする。

気分をアゲてくれるお気に入りのヘアアクセ

Feeyong's Favorite
HAIR-ACCESSORIES

可愛い自分をつくるには、メイクやファッションだけでなくヘアスタイルも重要。
シンプルコーデのアクセントとして、顔周りを華やかにするエッセンスとして、
ひよんがヘビロテしているヘアアクセサリーを紹介します♡。

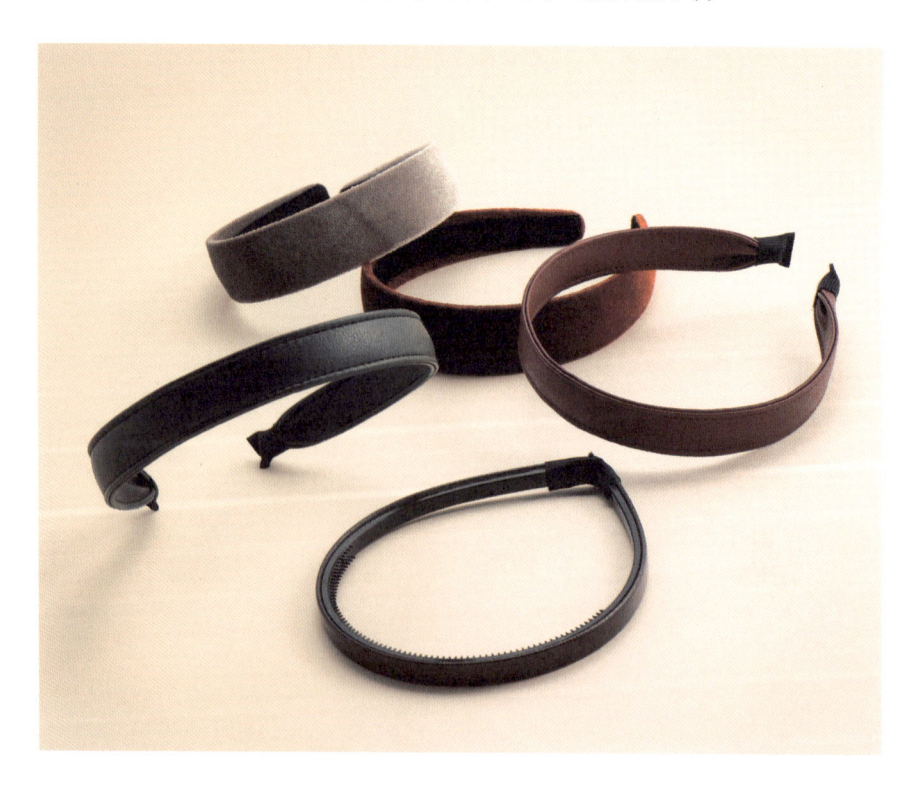

Hairband

"可愛い"が倍増するカチューシャ

ひよんはカチューシャ大好き♡。カチューシャ＝女の子らしいというイメージがあるかもし
れませんが、実は使い方次第でカジュアルにもなれる優れもの。なかでもシンプルなデザイ
ンのカチューシャは、どんなお洋服にも合わせやすいからついつい集めちゃう(笑)。

Wide Hairband

"シンプル"を
華やかにする
ボリューム
カチューシャ

デザイン性が高い太めカチューシャは、例えばワントーンコーデとかのアクセントにもなるし、太めのカチューシャはホールド感もあるので、まとめ髪スタイルにも結構使えるんです！ビジューがついていたり、愛らしいリボンがついていたり、そういったヘア小物を使うだけで顔周りがパッと明るくなったり、気分もアガリますよね♡。

Ribbon

"女の子らしい"を
つくる
可憐なリボン

リボンって女の子の永遠の憧れだと思うんですけど、あまり可愛すぎるデザインだとお洋服に合わなかったり、いつものメイクに合わなかったり……。なので、ひよんはレオパードの攻め柄やベロアで大人っぽいデザインを選ぶようにしています。写真左下のリボンは、ヘアアレンジページでも紹介した「真のおしゃポニー」をするときに、髪に巻きつけたりするとすっごく可愛いんです。

毎日意識高め！
がひょんの
テーマ♡

"可愛い"をつくる 10 のこと

to be more CUTE...

日頃から意識を高くしていないと、可愛い自分にはなれない。
体型も自分が可愛く見える角度を知ることも、生活をするうえで欠かせない。
そんなひょんが毎日意識している 10 のこと。

01:

可愛く見える
角度を
チェック♡

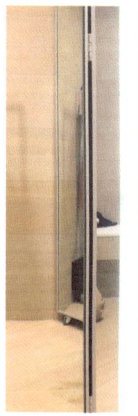

#ZARAAW19

『鏡の前で全身チェック』

ひょんの一日は起きてすぐの全身チェックから始まる。服を着てしまうと微妙な体型の変化が分からないから、体型を意識するだけで毎日していることが変わってくるはず。街中でも鏡を見つけたらついついチェックしてしまいます(笑)。

02:

『他の人のメイクや写真加工術を知る』

自分に似合うメイクを続けるのも大事ですが、雑誌やインスタグラムで他の人が実践しているメイクテクや新作コスメの情報を集めるのもすっごく大事。インスタを見ているとメイクだけじゃなく、写真の撮り方や加工の仕方も参考になるから、ちょっとしたスキマ時間も美意識アップに使っちゃいます。

03:

CHECK!
CHECK!

『合わせ鏡で後ろ姿も念入りにチェック』

気を抜いているとオブスになってしまうのが背中！自分の目で見られないからこそ、合わせ鏡をして毎日チェックしています。背中にお肉がつくとなかなか落ちないので、姿勢をよくして変なところに脂肪がつかないように日々意識するのも大事！

04:

『身体を触って体型をチェックする』

腕や脚、お腹周りを手で触ってどれくらいお肉がついているのかも毎日チェックしています。ストレッチのときはもちろん、普段の生活のなかでも腕や脚を触ったり、ちょっとしたマッサージをしてみたりと、無意識にやっていることも多いんです(笑)。

05:

『光や照明の種類を把握して 可愛く見える角度を知る』

お家の照明で見た顔と、お店や街中で見る自分の顔って結構違ったりしませんか？ 好きな人の前ではいつでも可愛い自分でいたいから、光や照明の角度で自分がどう見えているのかを知っておくのってすごく大事。例えば、間接照明だとまつ毛の影が目元に落ちてクマっぽく見えるからなるべく窓際に行こうとかね♡。

大好きなピンクで女子力UP

06:

『可愛い小物でテンションをアゲる』

可愛いものに囲まれていると幸せな気持ちになって、自分まで可愛くなった気になりませんか？ だから、普段持ち歩くスマホケースやポーチは、見た目が可愛くて、買うときにときめいたものを使うようにしています。

07:

『心地よい香りでいい女度を上げる』

ひょんは香水や柔軟剤など香りモノが好きなのですが、お家の中もいい香りでいっぱいにしたいのでディフューザーは必須アイテム。使っているのはアンティカのもので、左が「レモン、バーベナ＆シダー」、右が「ピオニア、ガーデニア＆ローザ」です。

08:

『お腹いっぱいの状態をなくす』

ひょんは食べることが大好きなのですが、お腹いっぱいの状態のときって自分のことを可愛いと思えなくなってしまうんです……。なので腹八分目を意識してごはんを噛む回数を多くしたり、間食しないようにしたり、無理のない程度に食べる量を調整しています。

09:

『自分に合わないものは買わないようにする』

可愛い〜！！と思うものって、必ずしも自分に似合うわけではないんですよね。ちょっと背伸びをするよりは、"今だからこそ似合うもの"を手にいれたほうが気分もアガりますよね。自分を肯定してあげるというのも、可愛い自分に近づける方法だとひょんは思っています。

10:

『指先まで可愛い意識を保つためにネイルは欠かさない』

どんなに可愛いメイクやヘアアレンジをしても、ネイルがはげていたらそれだけでマイナス。ひょんは最近単色ネイルにハマっていて、季節やイベントに合わせて自分の好きなカラーを指先にプラスするようにしています。

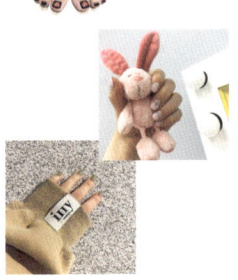

Feeyong
MAKE BOOK

Chapter

7

コンプレックスを克服！

"着こなしルール"

ファッション誌で見るモデルさんのような
着こなしがしたいけど、背が足りなかったり体型に自信がなかったり。
でも、大丈夫。ひよんも昔はそうでした！
今は自分に合うファッションを楽しみながら
どうやったらスタイルがよく見えるかを日々研究中。
ちょっとでも自分に自信を持てる、
そんな着こなし術をご紹介します♡。

P.132

MY RULE 私らしくいるための着こなしルール

P.134

FIND MY STYLE

P.136

Seasonal Clothing

MY RULE
My Rule

" 私らしくいるための
着こなし**ルール** "

どんなに素敵なアイテムを持っていても、
自分らしさが欠けてしまっては意味がない。
そして低身長だからこそ、
スタイルがよく見える着こなしを
研究するのも
可愛い自分でいるための秘訣。
愛らしいスタイルも、大人っぽい
パンツスタイルも難なく
着こなしてしまう、ひよんちゃんの
着こなしルールを伺いました。

フェミニンなブラウスを
濃紺デニムで
大人に仕上げる

フリルやレースといった女の子ら
しいアイテムをそのままフェミニ
ンに着こなすのもいいけれど、シ
ンプルコーデのハズしとして使う
と今っぽいスタイルに仕上がる。
可愛いのにかっこいい、最近の目
標はそんな女性。

コーディネートの絶対条件

スタイルをよく見せるために実践している 3 つの条件を詳しくご紹介します。

ハイウエストで
脚長を狙う

スタイルをよく見せるなら、まずハイウエストパンツはマスト。ジャストサイズを選んですっきりとしたシルエットを出すのがひよん流。

私は背が小さめなので、パンツを選ぶときは少しでも脚が長く見えるようにハイウエスト＆レングス長めのものを選ぶようにしています。裾が長いとヒールを合わせたときにすごく脚が長く見えるんです！

気になるおしりは
ジャケットでカバー

ピタッとしたボトムのときについつい気にしてしまうのが腰周り。ミディアム丈のジャケットをセレクトすれば、気になる部分も難なくカバーできてしまう。

ショート丈のジャケットも可愛いなと思うのですが、ジャケットを選ぶ際は腰周りをカバーしてくれる長さを選ぶことが多いです。ワンピースを合わせたときのシルエットも可愛く決まるので一着あるとすごく便利です♡

スタイルアップが叶う
ヒールはマスト

脚を長く、綺麗に見せてくれるヒールは低身長さんのマストアイテム。つま先にストームのあるパンプスやブーツを選ぶと背すじも伸びて◎。

せっかくお洒落しても、歩きにくかったら意味がないのでストーム入りのシューズは本当におすすめ！ つま先にボリュームがあるので足も痛くならないし、少しモードな雰囲気をプラスしてくれるところも◎。

TOPS

1
あざと可愛い
フェミニンなブラウス

フリルやレースのお洋服って女の子だけの特権。だからといって甘すぎるのは嫌だから、カジュアルさと愛らしさを乗ね備えた、淡いブルーのブラウスが最近のお気に入り。

2
脱ゆるゆる
女の子らしいパーカ

パーカってコーデにすごく使いやすいんだけど、意外に着こなしが難しいですよね。このパーカはウエストがキュッと絞れるのでメリハリがついて◎。

3
上半身がキュッ!
スタイルアップなトップス

ウエストがチラッと見えるクロップドトップスは、暖かい季節のコーデに欠かせない。シンプルにデニムと合わせるだけで大人な着こなしができるし、レイヤードしてもとっても可愛い♡。

BOTTOM

1
脚長狙うなら
絶対センタープレス

動きやすくエレガントな雰囲気のパンツ。縦長ラインを強調してくれるセンタープレス&スリット入りのものを選ぶと脚が細く長く見えるのでおすすめ。

5
もうこれは定番!
脚長すぎデニム

ひよんのインスタにも登場してる、脚がめちゃくちゃ長く見えるデニム。ハイウエスト&丈長めなのでヒールを合わせるとモデルさんみたいなスタイルに♡。

choose m
FIND M
自分の "好き"

クローゼットの中のお洋服って、
自分らしいアイテムが揃っている。そん
選ぶポイントをそれぞ

OUTER

6

**女の子っぽい
ゆるやかニットカーデ**

春コーデにプラスしたくて一目
惚れしたニットカーデ。色味と
いいサイズ感といい抜群に可愛
い♡。大きめカーデはおしりが
すっぽり隠れるような丈や、ウ
エストマークできるものを選ぶ
ようにしています。

7

**カジュアルアウターは
淡いカラーで女子感を高く**

トレンド感のあるCPOジャケッ
トはメンズ感が少なく、パッと明
るい雰囲気にしてくれるアイボリ
ーをセレクト。ちょっぴりオーバ
ーサイズなので、あどけない感
じも出て可愛さ倍増です♡。

y clothing

Y STYLE

を探す洋服選び

そんなに意識していないのに
な "自分らしい" が詰まったお洋服を
れご紹介します♡。

OTHER

8

**低身長を克服！
ストームありシューズ**

ひよんは背が低いので、普段から
ヒールのある靴を履いています。
ただ、かかとだけが高くなってい
るタイプは苦手なのでストームは
絶対必要。歩きやすいしスタイル
もよく見えて最高なんです。

9

**アクセサリーは
存在感のある大ぶりが好き**

アクセサリーって顔周りを華や
かに見せてくれるから、コーデ
に欠かせないですよね。ひよん
は大ぶりで、ちょっぴりクラシ
カルなデザインが好み。耳元で
揺れる長めのものやフープが最
近は好きかな。

Seasonal
Clothing

自分の好きなアイテムで、どの季節も可愛いコーデを楽しみたい。シンプルだけど可愛い着こなし術を、ひよんのオール私服でご紹介します。

Check !

☑ 春はペールトーンが着たくなる

SPRING

暖かくなってくると明るいカラーが着たくなりますよね。なので色味を主役にしたシンプルコーデが多いかも。フェミニンなブラウスや淡いカラーパンツなど、シンプルだけど存在感も抜群なアイテムが揃うからショッピングもすっごく楽しい！

Check !

✓ リブニットで華奢見えを狙う

Point.1

リブニットカーデに細身のリブパンツを合わせて、縦長ラインを強調！ ウエストマークをするだけでキュッと上半身が引き締まります。

Point.2

程よくオーバーサイズなカーデでしっかり腰周りをカバー。スカートのスリットでちょっぴり女の子らしさをプラスします。

Coordinate.1

カジュアルだけど女っぽい
大人可愛いゆるコーデ

ニット合わせの脱力感のある雰囲気がお気に入りのコーデ。トップスはユニクロ、ボトムはGUで購入したのですが、高見えですよね♡。
トップス／ユニクロ、ボトム／ GU、バッグ／ FURFUR、シューズ／ FRAY I.D.、ニットカーディガン／韓国通販で購入

Coordinate.2

上品なセットアップを
カジュアルテイストに

コンサバになりがちなセットアップは、カジュアルアイテム合わせでストリートっぽく。ウエストポーチのおかげで目線が上にいくのも◎。
セットアップ／ hiyon、バッグ／ Valentino、スニーカー／ Stella McCartney、ピアス／韓国で購入

SPRING Seasonal Clothing

SUMMER

Check!

☑ 露出度高めで気分をアゲる

ウエストが見えるデザインだったり、ミニ丈だったり、薄着の季節はいつもよりちょっぴり肌を出すことが多いかな。ボディラインが強調されるからダイエットも俄然やる気に！

☑ **ボディラインが出る夏は着痩せ重視**

Point.1

脚長すぎデニムには、ジュート素材のサンダルを合わせて美脚に。裾にスリットが入っているのでシルエットが絶妙に可愛い♡。

Point.2

スキニーパンツだと脚やヒップラインがはっきり出るので、ワンピースでちょっぴり目隠し。裾の間から脚が覗くのもキュート。

Coordinate.1

Coordinate.2

クロップドとハイウエストの
スタイル抜群コーデ

ハイウエストデニムとクロップドトップスを合わせてスタイルアップ。小物はハードな柄物をセレクトしてちょい攻めコーデに。
トップス／ Urban Outfitters、ボトム／hiyon、シューズ／ ZARA、スカーフ／通販で購入、バッグ／オンマが買ってくれた♡

シックなブラックに
ちょい甘要素を少しだけ

ブラックで揃えたコーデに、甘めのワンピースをガウン風に羽織って抜け感を。ワンピースの縦長シルエットでスタイルがよく見える♡。キャミソール／ RANDEBOO、ボトム／ STYLENANDA、ワンピース／ THE FIFTH LABEL、バッグ／ CASSELINI、ピアス、シューズ／ともに韓国で購入

AUTUMN

Check!

☑ ブラウンが恋しくなる秋

こっくりブラウン、柔らかいベージュ、そんな優しいカラーが恋しくなる秋。大人っぽいけど女性らしさを醸してくれるカフェラテみたいな色味が好きなんです。ブラックよりも重たくないし、どんなアイテムとも合わせやすいのもいいですよね。

Check!

☑ トップスのボリューム感で目線を上に

Point.1

センタープレスのパンツで縦長効果！ スリット入りなので歩くたびに足首がチラッと覗くのも女っぽさを上げるテクニック。

Point.2

女の子らしいフレアスカートには、脚長効果を狙えるニーハイブーツを。ブラックなら引き締め効果も期待できちゃう♡。

Coordinate.1

タイト×オーバーサイズの
絶妙なバランス感

タートルネックにオーバーサイズのアウターを合わせてメリハリ！ アウターは深Vになるようにボタンを留めて小顔効果を狙います。ニット／ユニクロ、アウター／GU、パンツ／hiyon、バッグ／LOUIS VUITTON、シューズ／韓国で購入、ネックレス／Imvely

Coordinate.2

ブラックコーデは
胸元リボンがアクセント

全身黒コーデで着痩せ効果♡。シックになりがちなブラックも、女の子らしい要素のあるアイテムを選べば可愛らしさをアピールできる♡。トップス／PRIMAVELY、スカート／ZARA、ストール／hiyon、シューズ／ESTNATION、ピアス／DHOLIC

AUTUMN Seasonal Clothing

WINTER

Check!

☑ モコモコに目がいってしまう♡

寒い冬はふわふわモコモコ。アウターもマフラーもちょっぴりボリューミーなくらいが可愛い♡。
ブラック系がどうしても多くなってしまうので、アウターやストールは明るめのカラーを選ぶ
ようにしています。アウターが主役になるので、顔周りに小物をプラスすることも多いかも。

Check!

✓ モノトーンで大人な冬モードにチェンジ

Point.1

おしりが隠れるサイズ感のアウターと細プリーツのワンピースで縦長ラインを強調。厚みのあるブーツをプラスしてスタイリッシュに。

Point.2

ボリューミーなストールを首に巻いて、目線を上に持っていくテクニック。ストールに顔が埋もれる女の子ならではの可愛さも♡。

Coordinate.1

Coordinate.2

WINTER

Seasonal Clothing

かっちりジャケットから
ひらりと揺れるワンピース

鮮やかなニットに合わせるのは、いい女度を上げてくれるプリーツワンピ。かっちりめのジャケットを羽織れば、クラシカルな大人可愛いコーデが完成。アウター、トップス／ともにhiyon、ブーツ／HARE、カチューシャ／ZARA、ワンピース／韓国で購入

顔周りのボリュームで
女の子の可愛さを引き出す

ワンピース一枚のシンプルコーデ。スカート部分がフレアになっているので、脚が細く見える効果も期待できそう。足元はもちろんヒールで♡。ワンピース／BIRTHDAY BASH、ストール／hiyon、シューズ／ZARA、メガネ／渋谷で購入

雑誌っぽい
お洒落が
テーマ♡

インスタをお洒落にするコツ

How to :
Instagram TECHNIQUES

インスタってその人のセンスが問われるから、
お洒落な写真の撮り方やレイアウトって重要。
ひよんがインスタを更新するときに注意しているポイントを紹介するよ♡

techniques 1 『他撮り風自撮りで変化をつける』

セルフィーってインカメを使って自分で撮影するから、同じ距離や角度になりがちですよね。なので、ひよんは"他撮り風自撮り"をよく使います。セルフタイマーでもいいし、インカメを自分に向けてもらって誰かにシャッターを押してもらえば自分の顔を確認しながら撮影できちゃいます。

techniques 2 『脚が綺麗に見える撮り方を覚える』

techniques 3 『全身カットは斜め下から撮って脚長に』

techniques 4 『あえてスマホを写して海外セレブ風ショットに』

脚を写すとき、なるべく細く綺麗に見せたいですよね。太ももって膝に向かって徐々に細くなっていくと思うんですけど、その一番細い部分までしか写さないようにすると、めちゃくちゃ脚が盛れます！ボトムで気になる部分をカバーすればスラッと細い脚に見えちゃう♡。

顔を撮影するときは斜め上からだけど、脚を長く見せたいなら絶対斜め下からが盛れる！スリットの入っているボトムを合わせて素肌をちょい見せてあげると、少しセクシーな要素も♡。もちろん、ヒールを合わせて脚のラインが綺麗に見えるようにするのも重要。

海外セレブのインスタによく出てくる、スマホを写した全身ショットは、自撮りだけどなんだか新鮮な感じがしますよね。スマホ画面を見ている顔が素っぽくてそれもまたいい雰囲気♡。鏡に写して撮影するので、背景はすっきりした場所を選ぶとメリハリが出て◎。

techniques
5

『 全身カットは
余白多めがマスト 』

全身カットを撮ってもらうときに結構寄り
がちだと思うんですけど、あえて引き気味に、
余白多めに撮ってもらうと雑誌みたいなお洒
落写真が出来上がります。余白を多めにして
おくとあとからトリミングもしやすいし、い
ろいろ都合がいいというのも事実(笑)。

techniques 『 反転アプリで盛れる
角度をキープ 』

撮影していると自分が盛れる角度の写真ばかりになってしまいますよ
ね。逆サイドの写真も欲しいけど、撮影しているとやっぱり気に入ら
なかったりもして……。なので自分の盛れる角度をキープしながら反
転アプリで逆サイドの顔のように見せちゃうというのもアリ♡。

BEFORE　　AFTER

techniques
7

『 並び順を意識するだけ
でインスタが
格段にお洒落に 』

インスタの並び順って意外と重要。顔写真ば
かりが並ぶと圧迫感があったり、トーンが全
く違う写真を横並びにするとちぐはぐしたり
……。なのでInstasizeというアプリを使っ
て投稿する前に写真の並び順をチェック！
インスタをお洒落にするのに欠かせません。

techniques
8

『 加工上級者は
アプリではなく
内蔵カメラで
撮影する 』

以前はアプリのカメラで撮影して
いて、確かに肌を綺麗にしてくれ
たり、いいことはあるのですがつ
くられた顔になるのがちょっと気
に入らなくて。試しに内蔵カメラ
で撮影してから加工してみたら、
自然な感じに仕上がったんです。

techniques
9

『 インスタに
載せるなら最初から
スクエアで
撮影する 』

インスタにアップする写真は最初か
らスクエアで撮影するのが◎。アッ
プロードするときに、トリミングし
なくていいし、フレームに合わせて
最初からお洒落な画角で撮影できる
ので、インスタに並べたときのイメ
ージもしやすいですよ♡。

SDWM

Spend a day with me ♥

<u>Night</u>

『 "かわいい" をつくる下準備♡ 』

Good Night

Shooting / Night

明日もかわいくいるための大切な時間。
カラダや肌の調子を確かめつつ、自分をちゃーんとチェック！

In my dream...

夜のおうち時間も
おめかしを忘れずに。
眠れない日、まだ寝たくない日、
ちょっぴり夜更かししちゃいましょ。

Have a good rest.

" 　一日お疲れさまでした♡
いい夢をみて、明日も頑張りますか。"

Feeyong's INFORMATION

Fashion Credit

P2,5 P8,17

ニット ¥16500 ／ HONEY MI HONEY ス
リッパ ¥6380 ／ Priv. Spoons Club　その
他スタイリスト私物

P70-77

パフスリーブトップス ¥9000、スカート
¥16000、サンダル ¥12000 ／すべて SNID
EL ピアス ¥3000 ／ラビュイ／キャセリーニ

P146-156

白シルクパジャマドレス ¥24200 ／ Priv.
Spoons Club　その他スタイリスト私物

Shop List

♡ SNIDEL ルミネ新宿 2 店
03-3345-5357
新宿区新宿 3-38-2
ルミネ新宿 2/2F

♡ Priv. Spoons Club
03-6452-5917
渋谷区代官山町 3-13

♡ HONEY MI HONEY
03-5774-2190
渋谷区神宮前 6-2-6
原宿あかねビル 2

♡ キャセリーニ
03-3475-0225
渋谷区神宮前 2-19-5

STAFF

Cover Photographer	永谷知也 [will creative]
Photographer	永谷知也 [will creative]（P2〜5、P8〜19、P70〜77、P146〜156）
	大村聡志（P20-21、P24-32）、中村圭介（上記以外すべて）
Stylist	栗野多美子
Hair&Make-up	宮本由梨 [Lila]
Designer	佐藤安那
Management	芦田真菜、浜内久乃、栗原花純（C Channel 株式会社）
Editor	石田智美、中丸史華
Editing Assistant	尾形和華、島袋圭月

Feeyong's
EPILOGUE

みんなへ♡

最後まで読んでいただきありがとうございます!!
今回 初めて ひよんの本を作ったのだけど、
どうだったかな?
普段から ひよんが 実践している 詐欺メイクだったり、
#ひよん研究 から 生み出された 可愛くなるための
あれこれを みんなと 共有したくて、内容盛りだくさん
になっていたと 思います♡
そして、逆に 普段 お見せしたことのない イメージの
写真を 撮ってみて、新たな一面を みんなに お見せ
出来たかな♡

今回の #ひよん本 は みんなの応援 ないには
実現しなかったことです。いつも ひよんのことを 応援して下さる
みなさん、本当にありがとうございます。
これからも この ありがとうの気持ちを 忘れずに、
みんなに 恩返しがしたいです。引き続き みんなの為に
なる情報を 共有していきたいと 思います♡

そして、今回 この本を 一緒に 作ってくださった
スタッフの みなさ〜、本当に ありがとうございます!!
まさか 自分の本を 出せるなんて 夢にも 思っていませんでした。
この本は 一生の宝ものです♡

これからも みんなの 為になる、
みんなに 愛される ひよんでいたいです♡
本当に ありがとうございます♡

　　　　　　　　　　　　　ひよん

profile

ひよん

1993年3月4日生まれ。大学卒業後「C CHANNEL クリッパー」として活動を始め、キャラクターのような"かわいい"というビジュアルの魅力に加え、彼女がもつ"親近感"が同世代の女性から人気を集めている。Instagram では約22万人のフォロワー数を誇り、2018年よりYouTube「ひよんちゃんねる」を開設し、現在登録者数は37万人を超える（2020年2月現在）。YouTube チャンネルではメイクだけでなく国内外のおすすめコスメやスキンケアの紹介、ヘアアレンジやコーディネート術といった女の子が可愛くなるための動画を配信中。また、21万フォロワーを誇る Weibo アカウントを持つなど中国をはじめ韓国・台湾・タイなど海外でも活動の幅を広げ多くの支持を得ている。

つべこべ言わずにかわいくなりますか

2020年3月18日　第1刷発行

著者　ひよん

発行人　蓮見清一
発行所　株式会社宝島社
　　　　〒102-8388
　　　　東京都千代田区一番町25番地
　　　　03-3234-4621（営業）
　　　　03-3239-0928（編集）
　　　　https://tkj.jp

印刷・製本　サンケイ総合印刷株式会社

※本書の無断転載・複製・放送を禁じます。
※乱丁・落丁本はお取り替えいたします。
※本書掲載の化粧品および雑貨はすべて著者の私物です。
　すでに販売が終了しているものもあります。あらかじめご了承ください。
※価格はすべて消費税抜き表示です。

© Feeyong 2020
Printed in Japan

ISBN 978-4-299-00222-8